일하는 모습에서 자녀의 미래가 보인다

일하는 모습에서 자녀의 미래가 보인다

처음 박은날 : 2013년 8월 20일
처음 펴낸날 : 2013년 8월 30일

지 은 이 : 김평기
사　　진 : 임문익, 김동후
펴 낸 이 : 김영식
펴 낸 곳 : 도서출판 들꽃누리

서울특별시 광진구 뚝섬로 52 마길 50-4 1층
전화 : (02)455-6365 · 팩스 (02)455-6366
등록 : 제1-2508호

ⓒ 김평기, 2013

E-mail : draba21@naver.com

ISBN 978-89-90286-40-6　　　　　　값은 표지에 있습니다.

이 책은 저작권법에 따라 한국 내에서 보호받는 저작물이므로
저자의 동의 없이는 이 책 내용의 무단 전재와 무단 복제를 금합니다.

*잘못 만들어진 책은 바꾸어 드립니다.

일하는 모습에서 자녀의 미래가 보인다

김평기 지음

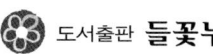
도서출판 들꽃누리

국립중앙도서관 출판시도서목록(CIP)

일하는 모습에서 자녀의 미래가 보인다 / 지은이: 김평기.
-- 서울 : 들꽃누리, 2013
　　p. ;　cm

ISBN 978-89-90286-40-6 03300 : ₩13000

인생훈[人生訓]

199.1-KDC5
179.9-DDC21　　　　　　　　　　　　CIP2013014427

하는 말

언제부터인가 빨리빨리 문화에 익숙해진 우리들. 덩달아 일의 결과도 빨리 얻고자 한다. 그렇지만 모든 일이 빨리빨리 식으로만 해결이 안 된다.

우리 속담에 "우물을 파도 한 우물을 파라" 했다. 이는 하던 일을 자주 바꾸거나 일을 너무 벌이면 성과가 없으니 어떤 일이든 한 가지 일을 끝까지 해야 성공할 수 있다는 말이다.

비즈니스에서의 성공이란 누구나 할 수 있는 쉬운 일이 아닐 뿐만 아니라 우리가 쏟고자 하는 것 이상의 절대적인 노력이 필요하다. 일의 속성상 열심히 일하고, 더 많이 배우고, 긍정적으로 받아들이고, 일에 대해 더 많이 생각하고, 회사에 더 큰 기여를 할 수 있는 방법이 무엇인지 고민하는 과정에서 그 능력이 향상되고 일이 즐거워지게 된다. 그렇다 보니 승진이나 성과, 돈과 같은 보상은 그 이후의 일이다.

언제부터인가 나에게는 기이한 버릇 하나가 생겼다. 가까이 있는 지인이나 같이 근무하는 직원을 관심 있게 하나하나 지켜보는 것이다. 언행, 일하는 모습, 낯빛, 걸음걸이, 음식 먹는 모습, 겉모습, 그들의 자녀 바라보기 등이 그것이다. 결과가 좋으면 좋은 대로 나쁘면 나쁜 대로 모두 다 이유가 있음을 알 수 있다.

그래서일까. 흔히 인생을 예측할 수 없다고 말한다. 죽음까지도 예측할 수 없다고 한다. 하지만 사람의 나이가 장년기에 이르면 인생에서 예측하기 힘든 일보다는 짐작할 만한 일이 더 많아지게 된다. 죽음도 예측이 가능하다. 부모의 일하는 모습에서 자녀의 장래가 보인다.

그런가 하면 아이의 얼굴에서 부모의 과거 생활상을 엿볼 수 있다. 다만 진지하게 살아온 경우와 책을 많이 읽은 경우에 느낄 수 있다. 인생살이에 있어서도 그렇고, 사업에 있어서도 그렇고, 아이 교육에 있어서도 그렇다. 현재의 모습이란 지난 삶의 생각과 행동의 모습이며, 앞으로의 일은 오늘이라는 삶의 결실로부터 나타나기 때문이다.

혹자는 말한다.

'삶이란 뿌린 만큼 거두고, 죄는 지은 데로 가고 덕은 닦은 데로 간다'고.

나의 삶을 되돌아보고 주변 사람의 삶을 지켜보니 사실 그렇다. 20~30년 장기적으로 펼쳐놓고 봤을 때 사람은 자신이 저지른 잘못에 대한 대가를 반드시 치르게 된다. 이를 깨달은 경우 다른 사람에게 화를 내거나 또는 다른 사람을 욕하거나 비방하거나 탓하거나 증오하지 않는다. 그 뿐만 아니라 늘 올바르게 살려고 부단히 노력한다.

일반적으로 매사 정직, 성실, 규칙 등 원칙을 지킨다는 것은 그만큼 몸속에 에너지가 많다는 것을 의미한다. 이러한 에너지는 자연스럽게 아이에게로 전달되어 아이의 성공에 큰 영향을 미친다. 아이를 생각한다면 편법이나 속임수를 사용하는 등 이기적으로 살지 말고 베풀고 배려하는 등 이타주의로 살라. 원칙주의자 아이일수록 크게 성공한다.

이런 이유로 성공도 부도 절제가 필요하다. 내가 절약한 만큼 아이에게 대물림이라는 형태로 내려간다. 즉 정직하게 잘 살고 있다면 좋은 영향을 미칠 것이고, 누군가 아프게 했거나 아프게 하면서 살고 있다면 나쁜 영향을 미칠 것이다.

이렇듯 신기하리만큼 내가 살아온 만큼 아이에게 그대로 영향을 미친다. 따라서 아이를 생각한다면 무조건 올바로 살아야 한다. 우리가 하루하루 진지하게 살아가야 하는 이유이다.

또한 꿈은 그 꿈을 이루기 위하여 노력하는 과정이 자녀 세대로 대물림된다. 부모가 큰 꿈을 가져야 아이가 큰 인물이 된다. 부모가 공부를 많이 해야 아이를 위대하게 만들 수 있다. 그런데 자신이 공부를 많이 하지 않았다면, 삶이 올바르지 않았다면, 꿈 없이 살았다면 아이의 큰 성공은 기대하지도 마라.

이 책은 사람은 무엇을 위해 사는가, 어떻게 살아야 할까를 고민하면서 쓰기 시작했다. 보다 구체적으로 말하면 그동안 살면서 그리고 직장 생활을 하면서 경험하고 주위 사람들의 삶에서 보고 느낀 여러 가지 것을 생생하게 담으려 노력했다. 따라서 그만큼 명징하게 볼 수 있는 것이 많았다.

조용히 고백하건대 진심으로 나를 연마하기 위하여 일한다는 생각을 한 건 그리 오래전의 일이 아니다. 50대가 넘어서야 이해할 수 있었다.

이런 이유로 '하루하루 진지하게 살라, 최선을 다하라, 항상 긍정적으로 생각하라, 운명을 받아들여라'고 자신 있게 말하게 된 것도 불과 몇 년 전이다.

책과 오랫동안 씨름하면서 힘든 일과 세상 사람의 마음이라는 것을 겪다 보니 조금씩 마음에 스며들었기 때문이리라. 그래서 젊은 세대는 나의 이야기에 쉽게 공감하지 못할 수도 있다.

  하지만 이 책을 구절구절 곱씹어 읽으면 삶에 조금이나마 보탬이 되리라 확신한다.

2013년 언덕배기에서 하늬바람이 불어올 때
김평기 씀

차례

▋ 하는 말_5

chapter 1 지혜로운 삶에 귀 기울이며

당신의 운명을 통제하는 것은 그대 자신이다_17
어떤 시선으로 세상을 바라볼 것인가?_21
배움에는 마침표가 없다_24
부동의 신념을 가져라_29
성공 근육을 날마다 조금씩 붙여라_33
매사 도전적인 자세를 드러내라_37
공부의 끈을 놓지 마라_40
인격을 수양하라_44
생각이 큰 바위 얼굴을 만든다_48
인생은 일념(一念)에 좌우된다_52
생각은 있으나 생각하는 자는 없다_56

chapter 2   세상을 넓고 깊게 바라보기

속성으로 이룰 수 있는 일은 없다_65
공과 사를 반드시 구별하라_68
자기 관리에 지독하게 철저하라 1(외면적 노력)_72
자기 관리에 지독하게 철저하라 2(내면적 성찰)_76
몸을 고치려면 마음부터 바로잡아라_79
이 순간만을 남기고 모두 버려라_83
삶의 깊이를 찾아라_86
오늘의 시련이 미래의 원동력이 된다_89
원리원칙에 충실하라_92
우물에 가 숭늉 찾지 마라_96
당신 꿈을 펼쳐라_99
좋은 엄마 아빠가 되라_103
지혜 그리고 자비를 가르쳐라_108
잔꾀를 부리지 마라_112
삶의 지혜에 귀 기울여라_115
비껴간 보색이 더 아름답다_118
자기 자리에 최선을 다하라_122
참는 자에게 복이 온다_126
인생을 좀 더 사랑스럽게 바라보라_130
흔들리지 말고 꽃을 피워라_134

바위에 달걀 부딪치지 마라_138
주인 의식을 가져라_142
최고 경영자처럼 행동하라_148
교육 기회를 100배 즐겨라_153
삶을 인정하고 즐겨라_157
나만의 독특한 이미지를 만들라_162
내면을 가꾸는 데 시간을 할애하라_164
매사 긍정적으로 사고 하고 행동하라_166
당신은 떠돌이 주인인가 똑똑한 노예인가_171
자신의 일을 최고의 명품으로 만들라_175
시계는 거꾸로 돌지 않는다_178
세상을 넓게 그리고 깊게 바라보라_183
중요한 것을 잃어 가고 있는 우리들_189
욕구는 창조적인 근원이다_194
파레토 법칙(Pareto Principle)의 대상자는?_200
자신과의 적극적인 대화가 풍요로움을 만든다_204
내일을 위해 배우고 익혀라_208
한 우물을 팔 때 그대를 빛나게 한다_212
당신도 자기 분야의 롤모델(role model)이 될 수 있다_215
신은 세심한 부분에 머문다_219

뿌리 없는 나무에 잎이 필까_223
나를 이끄는 힘, 인내력을 발휘하라_228
잘하는 것 하나를 차별화하라_233
색깔 있는 사람이 되라_239
나만의 성공 기준과 목표를 만들라_242
당신에게 진정한 성공 기준이란_246
조화로운 성공을 목표로 하라_252

chapter 1

지혜로운 삶에 귀 기울이며

젊었을 때부터 게으르지 않게 독서를 하면서
그리고 규칙적으로 운동을 하면서
남을 배려하는 태도로 산다면
윤택한 삶을 누릴 수 있다.

당신의 운명을 통제하는 것은 그대 자신이다

몇 가지 질문을 던져보겠다. '나 자신에 대해 열린 마음을 갖고 있는가? 내 직업에 대해 긍정적으로 여기는가? 나의 일터에서 즐겁게 일하는가? 내 직장 동료에게 넉넉하게 대하는가? 내 상사를 좋은 자세로 대하고 있는가? 나는 이해관계를 떠나 어려운 이웃한테 따뜻하게 대하고 있는가? 나는 내 삶과 삶이 주는 보상에 대해 고마워하고 있는가?'

위의 물음 중에서 한 가지라도 아니오라는 답이 있거든 그에 대하여 좀 더 생각해 보고 당신이 왜 그런 생각을 하게 되었는지 스스로에게 물어보라. 그런 자세가 비생산적이고 부정적인 사고를 가진 사실을 알면서도 그렇게 생각하게 된 원인은 무엇인가?

답은 진정 자신을 사랑하지 않기 때문이다. 자신을 사랑하는 사람은 다른 사람도 사랑하게 되어 있다. 다른 사람이 다르다는 것을 인정하는 것이다. 일단 그 이유를 점검해 보고 깨달았다면 스스로 고칠 방법을 찾아나서야 한다. 성공하기 위한 최선의 방법은 긍정적이고 낙천적인 자세를 끝까지 유지하는 것이다.

성공하는 길에서 당신이 만나게 될 가장 강력한 장애물은 멀리 있는 것이 아니라 당신 자신의 마음 자세이다. 온 나라 사람이 찻집에서 음식점에서 무슨 이야기를 하든 성공은 나이, 인종, 성별, 행운, 불운 등의 조건과 환경을 가리지 않는다. 그리고 성공은 결코 우연히 성취할 수 있는 것도 아니다. 성공은 오직 한 가지에 의해 좌우되는데, 그것은 바로 나 자신의 태도이다. 이렇게 말하면 약간 의아해 할 수도 있다. 그러나 간단하게 말해 당신의 운명을 통제할 수 있는 사람은 바로 당신 자신밖에 없다. 어떤 길을 가든 그것은 당신이 선택한 것이다. 선택의 결과를 칭찬하거나 비난할 사람도 당신밖에 없다. 삶이 생각지도 못한 방향으로 흘러간다 해도 당신을 구하러 올 사람은 아무도 없다. 내 앞에 전개된 모든 일의 책임은 내가 져야 한다. 당신의 인생이 잘못되더라도 외부로 책임을 돌리지 마라. 혹시 다른 사람의 잘못으로 불이익을 당한다 해도 기꺼이 책임을 져라. 어떠한 형식으로든 나에게 돌아올 것이다. 남에게 책임을 전가하는 것은 성공하지 못한 사람들의 공통적인 핑계에 불과하다. 계획이 잘못되었든 실천이 부족하였든 게을렀든 혹은 그 밖의 수많은 이유가 있다 해도 책임은 당신 자신에게 돌아온다. 일단 결정을 내리면 당신은 자기 운명의 지배자가 된다.

사실 인생의 성패는 능력 자체의 문제라기보다 그 문제를 대하는 태도에 의해 판가름이 난다. 단지 능력이 부족해서 일어서지 못하는 것이 아니다. 문제를 어떻게 바라보고 어떻게 대하는가 하는 태도에 달려 있다. 사람에게 있어서 태도는 정말 중요하다. 태도를 보면 그 사람이 성공할 것인지, 실패할 것인지 알 수 있다. 태도는 인생의 최고 자산이다. 평소 일하는 태도가 습관이 되고 그 습관이 일생을 좌우한다. 따라서 지금 어떤 태도를 취하느냐에 따라 당신의 미래는 눈부실 수도, 암울할 수도 있다. 성공한 이들에게서 보이는 공통점은 바로 이 지점에서 남다른 태도를 취한다는 것이다.

윈스턴 처칠(Churchill, Winston Leonard Spencer)은 "태도는 사소한 것이지만 그것이 만드는 차이는 엄청나다"고 말했다. 어떤 마음가짐을 갖느냐가 어떤 일을 하느냐보다 더 큰 차이를 만들 수 있다. 스스로에게 갖는 태도는 물론, 밖으로 드러난 태도는 그 사람에 대한 평가를 완전히 바꿔 놓을 수 있다. 그래서 우리 인생에서 남을 탓하는 일이 사라져 버린다면 우리 자아는 좀 더 행복해지고 평화로워지지 않을까?

　지금 당신은 일상을 살아가는 자신의 태도가 어떤지 체크해 볼 필요가 있다. 이런 이유로 일이 잘 풀리지 않을 때, 문제를 객관적으로 보고 자세히 들여다보면 불공평한 운명 탓이 아니라 잘못된 방법 때문임을 알게 된다. 인간관계가 힘들 때 차분하게 자신을 되돌아보면 상대방이 앙심을 품고 나를 괴롭히는 것이 아니라 나의 행동과 처세술이 성숙하지 못했음을 깨닫게 된다. 원망을 하고 화를 내면 나만 스트레스를 받는다. 부자인 것도 잘 사는 것도 못 사는 것도 절대 운명 탓이 아니다. 모든 일의 원인은 나 자신 안에 있다. 즉 삶의 차이는 삶을 대하는 태도에서 비롯된다. 삶을 사랑하고 끌어안으며 삶에 고마워하는 것, 그것이 긍정적이고 강한 추진력을 만드는 좋은 태도이다.

　다시 말해 나의 운명은 내가 살아온 그대로 결정되기 마련이다. 그리고 나의 태도가 성격으로 형성되어 운명을 창조하는 것이다. 내가 어떻게 사느냐에 따라 세상은 그대로 내게 청구서를 보내는 것이다. 그런 체험을 해보거나 그런 사실을 알게 되면, 이 세상은 참으로 아름다운 곳이며 충분히 살아볼 만한 가치가 있다는 것을 깨닫게 될 것이다.

어떤 시선으로 세상을 바라볼 것인가?

똑같은 처지와 환경임에도 불구하고 어떤 이는 늘 웃으며 긍정적으로 살고, 어떤 이는 늘 찡그리며 어두운 모습을 하고 있는 경우가 있다. 이것이 바로 마음가짐의 문제이다. 어떻게 받아들이고 어떻게 느끼고 어떻게 생각하느냐에 따라 세상은 달라지는 법. 어렵고 힘들지만 느껴지는 일상의 난관도 받아들이는 마음가짐에 따라 자신의 이미지가 형성된다.

즉 모든 것은 마음이 만들어 내는 것. 좋은 것도 싫은 것도 즐거운 것도 슬픈 것도 결국은 마음을 어떻게 갖느냐에 따라 달라지는 법이다. 같은 옹달샘의 물을 먹더라도 독사가 먹으면 독을 만들어 내고 소는 젖을 만든다. 독사의 독은 사람을 죽이지만 소의

젖은 사람을 살리게 된다. 요컨대 어떻게 받아들여 어떻게 소화했는가가 중요하다.

따라서 인생의 고난과 역경을 어렵고 힘들다고 생각하면 더욱 힘들게 느껴지는 법. 반대로 내 처지보다 어려운 사람을 생각하면 그 무게는 한결 가볍게 느껴질 수도 있다. 이처럼 어떻게 바라보느냐에 따라 달라지는 게 삶인 것이다.

어떤 배는 바람 때문에 침몰하지만 위대한 선장은 폭풍으로 단련되면서 만들어진다. 마찬가지로 어렵고 힘든 우리네 일상이지만 어떻게 받아들이고 행동하느냐에 따라 삶은 백팔십도 달라질 수 있다. 요컨대 삶을 바라보는 눈이 어떤가에 따라 행복해질 수도 있고 불행해질 수도 있다. 그렇다면 어떤 눈으로 세상을 바라볼 것인가?

여러 가지 방법이 있을 수 있다. 하지만 무엇보다 중요한 것은 나 자신을 긍정적으로 인정하고 평가하며 독려하는 습관을 들이는 것이다. 내가 나 자신을 인정하지 않으면서 남에게 인정받기를 원한다는 것은 어불성설일 수밖에 없기 때문이다.

우리는 종종 직장 동료와 아주 가깝게 붙어서 함께 일하곤 한다. 상대방이나 팀 분위기를 위해서도 긍정적일 필요가 있다. 내가 느끼는 감정은 내 안에만 머무르지 않는다. 특히 긍정적인 팀원보다 부정적인 팀원의 존재가 훨씬 더 파급 효과가 크기 때문이다. 따라서 그들의 감정 상태는 나 자신의 감정 상태 못지않게 나의 기분을 결정짓는 중요한 요소가 된다.

명심해야 할 것은 좋은 것이든 나쁜 것이든 계속해서 나 자신에게 환기시키면 그것이 곧 서서히 나도 모르는 사이에 내 몸에 배게 된다는 사실이다. 그러므로 나쁜 습관이 몸에 배기 전에 주의를 요한다. 방법은 하나이다. 부정적인 말이 아니라 긍정적인 말로 끊임없이 나를 다스려야 한다. 부정적인 말은 부정적인 습관으로 이어지고 긍정적인 말은 긍정적인 습관으로 이어지는 것이다. 숱한 반복은 나의 새로운 유전자를 만든다. 끊임없이 나에게 그리고 주위 사람들에게 말하기를 반복하고 행동으로 보여주라. 당신의 인생이 바뀔 것이다.

배움에는 마침표가 없다

　세상은 공부한 만큼 알게 되고, 아는 만큼 보이고, 보는 만큼 생각하고, 생각한 만큼 행복하고, 행복한 만큼 누리며 살 수 있다. 결국 공부한 만큼 누리고 살 수 있다는 이야기이다. 인생에는 많은 교차로가 있다. 그 교차로에서 우리는 선택을 해야 하고, 선택을 잘 한다면 성공으로 나아갈 수 있다.
　선택은 생활 속에서 항상 존재한다. 직업의 선택을 비롯하여 아이 학교나 학과, 결혼 상대자, 공부를 할 것인지 오락을 할 것인지, 운동을 할 것인지, 휴일을 어떻게 보낼 것인지 등 하루에도 수십 가지의 중요한 선택에서부터 사소한 선택에 이르기까지 많은 선택을 해야 한다.

그런데 이러한 모든 선택은 내 지식 수준에 맞게 하게 되어 있다. 우리는 선택을 하는 동시에 또 다른 선택의 대상이 된다. 선택은 손해를 최소화하고 이익을 최대화하기 위함이며, 선택의 과정은 고통과 쾌락이 동반된다. 그리고 그 뒤에는 혹독하고 무서운 책임이 뒤따른다. 따라서 독서를 게을리하지 않고, 신문을 읽고, 교육을 받는 등 자기계발의 끈을 놓지 않아야 최선의 선택을 할 수 있다.

조용히 앉아서 지난날을 돌이켜 보면 잘못된 선택이 있음을 알게 될 것이다. 인생의 희·비극은 선택에서 시작된다. 공부에 소홀하면 절대로 지혜로운 선택을 할 수 없다. 결국 지혜롭지 않은 선택은 더 좋은 기회를 놓치게 된다.

우리가 흔히 말하는 한 분야에서 일가를 이룬 사람은 새로운 것을 갈구하는 마음과 소소한 일상 속에서 공부의 성과물로 나타난 것이다. 그들은 두뇌와 마음을 항상 수련함으로써 다른 이들보다 한발 앞서 의미 있는 성과를 만들어 낸 것이다. 그러한 에너지의 근원에는 지칠 줄 모르는 배움의 의지가 자리 잡고 있다. 배움에는 특별한 때도, 늦은 나이도, 마침표도 없다.

소크라테스(Socrates)의 원숙한 철학은 일흔이 다 되어서야 이루어졌고, '최후의 심판'을 그렸을 때의 미켈란젤로(Michelangelo, di Lodovico Buonarroti Simoni) 나이는 67살이었다. 대문호 괴테(Goethe, Johann Wolfgang von)는 자신의 문학적 역량을 모두 집중하여 나이 예순에 『파우스트』를 발표하였으며, 파브르(Fabre, Jean Henri)는 교사 퇴직 후 56살부터 『곤충기』를 쓰기 시작해 84살에 이르러 10권을 완성했다. 무려 30년에 걸친 대기록 끝에 파브르는 세계적인 곤충학자로 이름을 떨치게 된 것이다. 지미 카터(Jimmy Carter) 전 대통령은 퇴임한 이후에 노벨평화상을 수상했고, 여든이 훌쩍 넘은 나이에도 여전히 세계평화를 위해 헌신하고 있다.

독일의 시인 괴테는 "가장 유능한 사람은 부단히 배우는 사람이다"라고 했다. 배우는 것이 능력을 기르는 최선의 방법이기 때문이다.

나의 마음이 게으르게 움직일 뿐 배움 앞에 늦은 시기란 없다. 배움의 성과 또한 늦은 시기와 관계없이 반드시 나타난다. 지식도 내가 공부하여 아는 만큼 아이 교육에 심혈을 기울이게 되고 아이에게 대물림된다는 사실. 이 사실을 너무도 잘 알기 때문에 세계의 명문가들은 교육에 투자를 아끼지 않는 것이다.

부동의 신념을 가져라

빠름에 익숙한 요즈음. 하지만 난 옛말 그른 것 하나 없다고 "우물을 파도 한 우물을 파라"고 말하고 싶다. 어떠한 일이든 한 가지 일을 끝까지 해야 성공할 수 있다는 말인데, 바꾸어 말하면 자신이 원하는 맑은 샘물이 솟아오름을 맛볼 수 있을 때까지 나아가라는 의미이다. 여기서 우물을 파는 목적은 오직 맑은 샘물을 얻는 데 있음을 명심해야 한다.

꾸준히 한 일은 없고 이것저것 집적거리기만 하면 되는 일이 없다. 일가를 이루겠다는 결심으로 끈기를 발휘하라. 이를테면 기술, 농사, 운동 등 자신의 분야에서 꾸준히 심신과 기술을 연마한다면 성공할 수밖에 없다. 성공할 운명을 타고난 것이다. 아니 그런 결심이라면 10년이 아니라 그 반절인 5년만 노력해도 승부가 난다. 그것은 삶의 부동의 법칙이다.

사람들이 가는 길을 보라. 반드시 장애물이 나타난다. 실패하여 좌절하는 순간을 맞이한다. 이때가 바로 승부처이다. 문제는 어떻게 대응 하느냐에 따라 승부처가 달라진다. 성공하는 경우 실패를 인정하지 않고 무모하리만큼 끝까지 물고 늘어져 성공이란 결과물을 맛보게 된다. 순조롭게 돈을 벌어 부를 축적한 사람조차도 그들의 내면을 들여다보면 오랜 시간 수없이 많은 시행착오를 겪었음을 알 수 있다.

에디슨(Edison, Thomas Alva)이 축음기를 발명할 당시 많은 사람이 축음기 발명에 도전하고 있었다. 하지만 에디슨을 제외한 모든 사람은 이런저런 이유를 대며 중도에 포기하고 말았다. 마침내 에디슨이 축음기 발명에 성공했다는 소식이 전해지자 중도에 포기한 자들이 공통적으로 한 말이 있다.

"조금만 더 노력을 했더라면 내가 먼저 발명할 수 있었을 텐데……."

성공학을 연구하는 고수의 이야기를 들어 보면, 성공한 사람과 실패한 사람의 차이는 그리 크지 않다. 또한 실패한 사람의 95퍼센트는 처음부터 잘못되어 실패한 것이 아니라 그럴 듯한 이유를 대며 성공의 고지를 눈앞에 두고 포기했다는 것이다.

모든 문제는 나의 마음에 달려 있다. 따라서 환경이 나쁘다, 머리가 나쁘다, 돈이 없다, 좋은 대학 출신이 아니다, 인맥이 없다, 학력이 낮다 등 주변 환경에 불평불만을 토로하기 전에 게으른 나 자신에게 먼저 분노해야 한다.

물리학에 임계수치라는 말이 있다. 세상의 모든 변화에는 임계점이 존재한다는 것이다. 공부, 일, 운동, 인생의 성공 등 이를 어느 정도 성취하기 위해선 배움과 노력, 연습 시간 등의 임계점을 필요로 한다. 말하자면 임계란 어떤 물리 현상이 갈라져서 확연하게 다르게 나타나기 시작하는 경계를 말한다. 가령 물이 끓기 위해 필요한 임계수치는 섭씨 100도이다. 대부분의 사람은 임계수치에 도달하기 전에 포기하기 때문에 물이 끓지 않는 것이다. 95퍼센트 이상의 사람이 열심히 하다가 99도에서 마지막 1도를 견디지 못하고 포기한다. 그러나 99도에서는 물이 절대로 끓지 않는다. 1도만 더 올리면 물이 팔팔 끓고 성공하는데, 임계수치에 미치지 못하고 마지막 순간에 포기하는 것이다.

사람은 누구나 지금 하는 분야에서 성과를 낼 수도 있고, 꿈꾸는 미래를 창조할 수도 있다. 하지만 모든 것은 99도의 노력에서 멈추지 않고 1도를 더할 때 가능해진다는 것을 알아야 한다.

더위, 추위, 배고픔, 목마름 그리고 어떠한 불편도 이겨낼 수 있는 인내력을 기르지 않고서는 어떤 분야에서든 뛰어난 업적을 남길 수 없다. 즉 임계점에 도달할 수 없다. 안락한 생활을 누리고 온갖 쾌락을 즐기고도 영예로운 대우를 받고자 한다면 그것은 자기 자신을 속이는 일이다. 탁월한 기량과 명성은 편안하게 자는 안일한 삶을 살아가면서 어느 날 갑자기 저절로 쌓이는 것이 아니다. 깨어 일어나 바짝 정신 차리고 꾸준히 노력해야 얻을 수 있는 것이다.

세상만사 운으로 이루어지는 것은 결코 없다. 당장은 엎치락뒤치락할지 몰라도 결국 노력한 만큼, 뿌린 만큼 거두는 것이 만고의 섭리이다. 강조하건대 모든 일에는 능력과 무관하게 필요한 절대적인 시간, 노력, 비용이 있다. 그 절대량은 어느 누구도 뛰어넘을 수 없다. 한 걸음씩 꾸준히 앞으로 나아가야만 다음 지점이 보인다. 출발 지점에서 머릿속으로만 그려보던 것과는 판이하게 다른 길이 펼쳐진다. 때로는 함정도 놓여 있고, 또 때로는 멋진 기회도 펼쳐진다. 그런데 그 길을 계속 가다보면 숨을 헐떡거리며 포기하고 싶을 때에 이르는데, 그때가 바로 임계점이다. 고통스럽다. 외롭기도 하다. 죽고 싶다. 그동안의 수고를 보상받고 싶고 그만 안주하고 싶어 더 이상은 발걸음이 떨어지지 않는다.

하지만 좀 더 집요해야 한다. 끝을 보아야 한다. 그 임계점을 넘어서야만 비로소 정상에 올라 가장 맑은 공기와 좋은 경치를 맛볼 수 있다. 세상 그 무엇과도 바꿀 수 없는 성취감을 느낄 수 있다.

성공 근육을 날마다 조금씩 붙여라

많은 사람이 시류의 변화에 굉장히 영리하다. 그런데 그것은 성공하는 사람과 거리가 멀다. 성공하는 사람은 약간은 어리석게, 우둔하게 노력한다. 둔재필승(鈍才必勝)이란 말이 있다. 이는 결국 둔재가 이긴다는 말이다. 그것이 성공에 이르는 지혜로운 방법이다. 다만 오랜 기간이 소요된다. 당장 뛰어나지 않아도, 당장 눈에 띄지 않아도 물이 끓듯이 내 안의 노력이 성공이라는 결실로 나타난다.

남들이 부러워하는 큰 꿈을 이룬 사람이나 뛰어난 재능으로 대단한 성과를 이룬 사람을 거리를 두고 바라보면 높은 벽을 단번에 뛰어넘은 것처럼 보인다.

하지만 그들을 좀 더 가까이 다가가서 바라보게 되면 42.195킬

로미터 마라톤을 완주하기 위하여는 한발 한발 뛰어야 골인점에 다다를 수 있다는 것을 깨닫게 된다. 100미터라면 당연히 누구나 걷거나 뛰어서 쉽게 골인점에 도달할 수 있지만 성공한 사람은 그 거리를 하루도 쉬지 않고 몇 미터 몇백 미터씩 꾸준히 뛰었음을 알 수 있다. 그렇게 뛰면서 서서히 근육량을 늘려 나갔다. 그들은 결코 단 몇 번에 그 먼 거리를 도달하려 하지 않았다. 그렇다고 그 길이 순탄하지도 않았다. 더러는 진흙탕에 빠지기도, 눈길에 미끌어지기도 하면서 한발 한발 앞으로 나아간 것이다. 즉 때로는 부상으로 몇 개월씩 연습을 하지 못하는 시련을 겪기도 하고 좌절과 의욕 상실에 빠지기도 하고 뒷걸음질 치면서 전진한 것이다.

  그 결과 가끔은 높은 벽을 단숨에 뛰어넘는 능력을 보여주기도 한다. 이 기적 같은 순간만을 보고 '역시 저 사람은 대단해. 나 같은 건 절대 꿈도 꿀 수 없는 일이야 하며 일찌감치 포기하거나 아예 시도조차 하지 않는다.

  천재적인 사람이나 남들에게 존경의 눈길을 받는 사람, 뛰어난 재능을 발휘하는 사람도 대부분 매일 조금씩 꾸준히 걷고 있을 뿐이다. 그래서 누군가가 비결을 물어보면 이렇게 말한다.

  '아닙니다. 저라고 해서 별다른 건 없어요. 저처럼 재능이 부족한 사람은 없을 거예요. 저에게 탄탄대로의 길만 펼쳐진 것이 아니죠. 그동안의 과정을 이야기하자면 완전 소설감이에요.'

이렇듯 그들은 매일 한단계 한단계 꾸준히 오르고 있음에도 불구하고 이러한 사실을 제대로 알지 못하는 경우 그들에게 보통 사람이 할 수 없는 무엇인가 특별한 비밀이 있다고 오해한다.

굳이 비밀이라고 한다면 조금씩이라도 오를 수 있는 적절한 목표를 설정하여 매일 소화하며, 평소 단련한 것이 습관화되어 성공 근육이 조금씩 붙게 된 것이라고 할까?

부언하면 멀리 가려면 조금 느리게, 한 발짝 천천히 가라. 조급한 마음에 혼자서 빨리 갈 때 절대 멀리 가지 못한다. 생활 속도만 조금 늦춰보자는 뜻이 아니다. 삶과 세상 전체를 그렇게 대하자는 것이다. 그리고 제대로 살자는 말이다. 그러나 대부분의 사람은 젊은 시절부터 발걸음이 빨라진다. 무언가 빨리빨리 이루어야 한다. 젊은이건 어른이건 모두 조급증에 걸려 있다. 빨리 걷다 보니 주변 경치를 감상하지 못하고 대충 보게 된다. 바쁘게 움직이면서 실제로 잊어버리는 것이 얼마나 많은가. 존중, 나눔, 배려, 추억 등 매우 중요한 가치가 떠오른다.

하루 품삯은 저녁이면 나온다. 한 달 일한 급료는 월말이면 나오고, 일 년 농사는 가을에야 수확이 되듯이 언제나 큰 이익은 늦게 얻어지는 것이고 큰 공부는 오래 걸린다. 요컨대 큰 그릇을 채우는 데는 오랜 시간이 걸린다. 그리고 때가 되면 돌아올 것은 다 돌아오게 되니 조급증을 내지 말고 꾸준히 공부하라.

일이든 공부든 천천히 조금씩 꾸준히 하면 어려운 것이 없다. 욕심을 내는 것이 문제이다. 전력을 다해 빠른 속도로 100미터를 뛴 사람은 한동안 숨을 헐떡거리며 배를 만지며 주저앉아 쉬어야 하지만, 천천히 느리게 10리 길을 걸은 사람은 몸과 마음에 여유가 깃들어 있다. 오히려 몸에서 힘이 솟는다.

어리석은 사람은 자기 마음을 100미터 달리기 하는 사람처럼 쓰고, 지혜로운 사람은 10리 길을 가는 사람처럼 쓴다. 세상이 아무리 바쁘고 급해도 10리 길을 가는 사람처럼 천천히 여유 있게 마음을 써보는 법을 배우고 익혀라. 성급하게 업적을 쌓으려고 하지 마라. 또 눈앞의 조그마한 이익에 사로잡히지 마라. 성급하게 업적을 쌓으려고 하면 반드시 실수하여 일을 달성할 수 없다. 조그마한 이익에 눈이 어두워지면 큰일을 성취하지 못한다. 무슨 일이나 조급하게 서두르면 졸속에 빠진다.

조급하게 서두르지 마라. 그리고 원대한 목표를 세우고 한발 한발 착실하게 실천하라. 이것이 대기만성의 비결이다.

매사 도전적인 자세를 드러내라

교육 받는 모습만 보아도 장차 성공할지 실패할지 알 수 있다고 하면 지나친 과장일까? 강연장에 가서 청취하는 모습을 보면 재미있는 현상을 볼 수 있다. 성공하는 사람은 대부분 앞자리에 앉는다. 강사의 말을 꼼꼼히 메모한다. 강의가 끝나고서도 질문 공세가 만만찮다. 그래서인지 강사는 "강연을 듣지 않아도 되는 괜찮은 경영자만 오고, 공부가 절실한 직원은 기피한다"고 전한다. 지금도 사업을 잘하고 있어서 더 배울 필요가 없어 보이는 기업과 경영자만 교육에 적극적이라는 것이다.

또한 고수로 우뚝 선 사람들 대부분은 직장에서 쌓은 실력 덕분에 그 자리에 설 수 있었다고 한다. 이는 교육도 한몫 단단히 한 결과이다. 개인 상표를 갖고 있는 사람도 직장에서부터 쌓은 명성을 발판으로 한 경우가 대부분이다. 직장에서 열심히 배우면서 그 내용을 일에 적용시켜 보면 자신도 모르게 고수의 실력이 차곡차곡 쌓이게 된다는 사실, 어쩌면 진부하게 들릴지 모르지만 기억해야 한다.

우리는 교육을 통해서 배운다고 해도 과언이 아니다. 이는 나이가 들어가면서 상대적으로 비중이 높아지는 공부법의 하나이다. 게다가 현장에서 분주히 시간을 보내는 사람이 짧은 시간 내 지식을 얻는 방법으로 널리 활용할 수 있다.

강사는 그 장소에 참석한 사람 전체를 대상으로 골개 강연을 한다. 하지만 강연장에 앉아 있는 사람은 얼마든지 강사가 자신에게 개인적으로 가르침을 전해 주고 있다고 생각하며 강연을 들을 수 있다.

강의를 들을 때에는 항상 강의에서 무엇을 얻을까 기대하고, 배움에 대한 투자라는 개념으로 접근해야 한다. 하지만 막상 강의장에 참석해 보면 일반적으로 마지못해 참석한 느낌이 들 정도로 뒷좌석부터 채워지게 된다.

당신의 습관을 바꿔 보는 것은 어떨까?

효과를 보려면 언제나 앞에서 세 번째 줄 이내로 앉아라. 어차피 시간을 내서 듣는 경우라면 앞자리에 앉는 것이 좋다. 이렇게 강연장에 갈 때마다 앞에 앉는 것은 또 다른 효과를 낳을 수 있기 때문이다. 그것은 무엇을 하든 적극적인 자세와 도전적인 자세를 드러내는 일이기도 하다.

공부의 끈을 놓지 마라

우리의 지난날을 되돌아보면 20대 초·중반까지만 해도 배움에 매우 열정적이었다. 하지만 학교를 졸업하고 취업에 성공한 이후부터는 좀처럼 자신의 내적·지적 성숙을 위해 시간이나 정성을 쏟으려 하지 않는다. 책이나 신문을 챙겨 읽는 것조차 귀찮아하는 경우가 대부분이다.

20년 남짓 배운 내용을 가지고 그것도 사회생활이나 직장 생활을 하는데 가장 기초적인 내용과는 관련 없는 학과 내용을 가지고 앞으로 다가올 60년, 70년의 세월을 감당하려는 것은 자기 무덤을 파는 것과 다름없다.

여기서 재미있는 통계 하나에 귀 기울여 보라.

 몇 해 전 텔레비전의 한 프로그램에서 인생에서 가장 후회되는 일을 연령대별로 조사해 발표한 적이 있다. 40대는 남녀 공히 1위가 공부 좀 할 걸, 2위는 남성의 경우 술 어지간히 먹을 걸, 여성

의 경우 애들 교육에 신경 더 쓸 걸 순이었다. 50대 남성은 1위가 공부 좀 할 걸, 2위는 겁 없이 돈 날린 것, 50대 여성은 1위가 아이들 교육에 신경 더 쓸 걸, 2위는 결혼 잘못한 것 순이었다. 이 통계에서 공통적으로 알 수 있는 것은 '공부 좀 할 걸'이 40대에서 50대까지 거의 1위를 휩쓸었다는 점이다.

이처럼 우리는 공부하지 않으면 나이 들어 후회하게 되고, 그만큼 지식의 중요성을 강조하고 있는 시대에 살고 있다. 생활이 넉넉하지 못한 가정은 한푼 두푼 악착같이 모아서라도 자식을 공부시키기 위하여 어떤 희생도 감수한다. 심지어 식당 서빙이나 청소 등과 같은 힘든 일도 마다하지 않는다. 돈이 많은 가정은 모든 방법을 동원해 자식이 최고의 환경에서 공부할 수 있도록 좋은 학교에 조기 유학까지 보내고 있다. 좋은 학군으로 이사 가는 것은 상식이 되었고, 기러기 부부가 되는 것조차 마다하지 않을 정도로 교육에 심혈을 기울이고 있다. 이것이 지식의 중요성을 알고 있는 사람들의 선택이다.

이렇듯 급변하는 시대의 흐름에 몸을 싣고 그 속에서 맘껏 유영하려면 무엇보다 경직된 사고를 이완시켜 두어야 한다. 더불어 자신의 부족함을 인정하고 언제나 감사한 마음으로 배우려는 겸손의 자세 또한 필요하다. 더구나 우리가 지금껏 배워 온 지식은 그대로 유지되는 것이 아니라 시간의 흐름에 따라 잃어버리게 된다는 것을 잊지 말아야 한다. 절대불변의 진리로 받아들여 온 사실조차도 과학이 발달함에 따라 새롭게 규명되기도 하고, 무수한 정보가 소임을 다하고 사라지기도, 갱신되기도 한다. 지식의 빛깔을 선명하게 유지하려면 예전의 낡은 지식 위에 새롭게 싱싱한 지식으로 꼼꼼히 덧칠을 해주어야 한다. 그래야만 수명이 늘어난 만큼의 지식의 유효기간도 연장할 수 있다.

여기서 배움이란 단순히 책을 많이 읽고, 학위를 받고 하는 피상적인 내용만을 뜻하지 않는다. 주변의 작은 일에서 자신의 삶을 성찰할 계기를 찾는다든가, 나보다 어린 사람으로부터 배울 점을 찾아내는 겸손함이라든가, 편견에 치우치지 않는 눈과 귀로 있는 그대로의 사실을 받아들이는 열린 마음, 선입견 안에 생각을 가둬두지 않는 유연함, 지식과 경험이 한데 어우러진 산지식을 폭넓게 아우른다.

인격을 수양하라

　대개 다른 사람보다 더 많이 벌고 싶어 하고, 잘나 보이고 싶어 하고, 더 인정 받고 싶어 하고, 보다 더 칭찬받고 싶어 한다. 이러한 탐욕이 내 뜻대로 안 되면 분노하고, 푸념과 불평불만을 토해 낸다. 그러다 이러한 독 때문에 괴로워하며 스스로를 옭아맨다. 인간으로 태어난 이상 이 독을 모두 없앨 수는 없다. 이 독은 자신도 모르게 생기는 마음이고, 선천적으로 부여받고 태어나기 때문이다. 나라는 존재를 지키고 유지하려면 탐욕과 나를 공격하는 사람에 대한 분노, 거기에 나의 기대와 다른 것에 대한 불평불만을 없앨 수 없다. 다만 그것이 습관화되어 매사 짜증을 내는 것이 문제이다. 가장 사랑하는 가족까지도 변하게 된다.

더 나아가 자주 접하는 주변 사람도 물들어 간다. 삶이 참 묘하여 성공하지 못하는 사람은 대개 불평불만, 험담, 한탄하는 사람과 친하게 지낸다. 주위에 똑같은 성향을 가진 사람과 가까이 지낸다. 만약 당신이 평소 불평불만, 한탄, 험담을 일삼는 사람이라면 지금부터라도 당장 그런 나쁜 입버릇을 그만두는 것이 좋다. 술자리에서라 해도 예외가 아니다. 불평불만과 험담, 한탄 따위를 늘어놓을 때마다 부정적인 감정, 부정적인 사고가 내 마음속 깊이 자리 잡게 되어 긍정적이고 좋은 감정을 몰아내어 당신의 인생에서 꿈이나 소망의 실현이 갈수록 더 멀어지게 된다.

불친절, 부도덕, 불평불만 등 부정적인 사고로 인해 불행한 삶을 살아가는 사람은 날마다 이 세상의 고뇌를 증가시키는 데 일조하고 있는 것이다. 어디 그뿐인가. 먼저 같이 생활하는 사람이 피해를 입고 자주 만나는 사람도 서서히 물들어 간다. 게다가 일하는 일터에서 주위 사람에게 피해를 주는 행동을 한다.

만일 지금 분노, 불안, 질투, 욕심과 같은 것에 몸을 내맡기고 있으면서 육체의 완벽한 건강을 얻고 싶다면, 당신은 전혀 불가능한 일을 바라고 있는 것이다. 그러한 부정적인 생각의 지배 아래 있다면 당신의 마음속에서는 지금 병을 키워 가고 있는 것이다. 만일 이러한 자기 파멸적인 생각을 계속 하고 있다면, 육체가 병으로 인해 움직일 수 없게 된다고 해도 불평을 해서는 안 된다. 그래서 진정으로 현명한 사람은 그러한 부정적인 마음의 상태에 빠지는 것을 피한다. 그런가 하면 선의를 갖고 살아가며 언제나 행복을 느끼는 사람은 이 세상 전체의 행복을 증가시키는 데 매일 일조하는 셈이다. 이는 종교와는 아무 상관이 없다. 행복한 사람은 단지 살아 있는 것만으로도 주위 사람에게 좋은 영향을 끼친다. 행복한 사람이 내뿜는 좋은 기는 주위 사람을 부드럽게 하고 이 세상 행복에 공헌하는 좋은 향기가 되어 퍼진다.

완벽한 건강을 바란다면 자신의 생각을 매사 긍정적이고 건전하게 해야 한다. 즐거운 생각을 해야 한다. 체내에 흐르는 혈액을 깨끗하게 만들어 맑게 흐르도록 해야 한다. 그렇게 하면 더 이상 어떤 약도 필요로 하지 않게 된다. 또한 질투, 의심, 불안, 분노, 적의, 이기심을 깨끗이 버려야 한다. 그렇게 함으로써 자신의 나른함, 두통, 소화불량, 신경과민도 사라지게 될 것이다.

한마디로 말해 탐욕, 분노, 불만을 완전히 없앨 수는 없다. 하지만 이것들은 노력 여하에 의해 얼마든지 좋은 방향으로 바꿀 수 있다. 가장 확실한 방법은 열심히 그리고 성실히 일함으로써 자연스럽게 전술한 독을 없앨 수 있다. 또한 꾸준히 노력함으로써 인격도 수양할 수 있다. 자신의 일에 전념하고 최선을 다하는 것, 그것이 결국에는 인격을 닦는 수양이 되고, 인격을 수양함으로써 인생을 깊고 넓게 성찰할 수 있게 되는 것이다.

생각이 큰 바위 얼굴을 만든다

하루하루의 작은 사고가 20~30년 후의 결과물을 만들어 낸다고 하면 허풍일까? 그런데 지속적인 사고는 위대함을 창조한다. 나에게 사고하면 어린 시절 읽은 『큰 바위 얼굴』이 먼저 떠오른다.

어니스트란 소년은 어렸을 때 어머니로부터 바위 언덕에 새겨진 큰 바위 얼굴을 닮은 아이가 태어나 훌륭한 인물이 될 것이라는 전설을 듣는다.
어니스트는 큰 바위 얼굴을 볼 때마다 엄마한테서 들은 이야기가 떠올랐다. 그는 엄마 이야기를 잘 듣는, 그리고 엄마의 일을 자기의 조그마한 손으로 도와주는 착한 아이였다.

어니스트는 하루의 일을 마친 후 한동안 그 큰 바위 얼굴을 쳐다보곤 했다. 그러면 자기를 알아보고, 따뜻한 미소를 띠며 격려해 주는 것만 같았다. 물론 그 큰 바위 얼굴이 그에게만 더 친절하게 비칠 리 없다. 하지만 어린 그의 생각이 무조건 틀린 것만은 아니었다.

그가 남과 다른 점이 하나 있었다. 아직도 하루 일을 마치고 혼자 떨어져 그 큰 바위 얼굴을 쳐다보며 생각에 잠기는 것이다. 다른 사람이 보기에 그런 행동은 참으로 어리석어 보였다. 더구나 사람들은 그 큰 바위 얼굴이 어니스트의 선생님이나 마찬가지라는 사실을 알지 못했다. 큰 바위 얼굴에 드러나는 고상한 감정이 이 젊은이의 가슴에 풍성한 애정을 심어 준다는 사실을 몰랐던 것이다.

어니스트는 다른 사람보다 더 넓고 깊은 인정을 갖고 있었다. 그 큰 바위 얼굴은 그에게 책에서 배우는 것보다 더 많은 지혜를 주었다. 또한 그는 그 큰 바위 얼굴을 바라보면서 다른 사람의 부끄러운 모습을 경계할 수 있었다. 그리하여 그는 현재보다 더 나은 상태로 발전할 수 있었던 것이다. 하지만 사람들은 그러한 사실을 알지 못했다. 어니스트 자신도 들판에서, 또는 모닥불 가에서 그리고 혼자서 깊이 생각에 잠길 때 자연스럽게 떠오르는 생각과 감정이 사람들과의 만남에서 생겨나는 것보다 더 품격이 높다는 것을 알지 못했다.

그러다 중년이 된 어느 날 자신이 그렇게 마음속에 그리던 모습이 바로 자신의 얼굴, 즉 큰 바위 얼굴이 되어 있었다.

작가는 이 글을 통해 평소 생각이 삶에 중대한 영향을 미침을 이야기하려 한 것 같다. 요컨대 늘 겸손하고, 목표를 세우고 그것을 이루기 위해 지속적으로 노력한다면 그 생각 자체가 얼굴에 나타난다고 할 수 있다. '자신이 생각한 대로 되어 간다'는 말처럼 마음 깊이 무언가를 품고 있으면 점차 그 모습을 닮게 된다. 이때 생각이 깊어야 그만큼 멋진 모습으로 변하게 된다.

위대한 일은 작은 사고로부터 오랜 기간에 걸쳐 조금씩 형성된다. 내면의 위대함 없이 겉으로 나타날 수 있는 위대함이란 없다. 훌륭한 교육을 받고 많은 책을 읽어도 생각하지 않는다면 위대해질 수 없다. 교육보다 위대한 사고를 통해 위대해지는 것이다. 생각 없이 책만 읽는다면 자기계발을 할 수 없다. 책을 읽는다 하여 정신적으로 발전되는 것이 아니라, 읽은 내용을 깊이 사고하여 나의 것으로 소화할 때 정신적인 발전이 가능해지기 때문이다. 사고란 정신노동으로, 노동 가운데서도 가장 에너지 소모가 많은 축에 속한다. 때문에 많은 사람이 사고하기를 꺼리는 이유이기도 하다.

인생은 일념(一念)에 좌우된다

사람은 자기 생각의 주인이다. 자기 인격의 창조자이며 환경의 설계자이다. 때문에 자신이 바라는 대로 자신이 현재 마음속에 담고 있는 생각과 같은 형태로 표출된다. 입에 발린 소리나 단순히 꿈 같은 이야기는 성장에 한계가 있겠지만, 마음 깊은 곳에 담고 있는 진실한 생각이나 염원은 그것이 순수한 것이든 더러운 것이든 자기 자신이라는 영양분을 거름으로 삼아 자란다.

지금부터 자신이 바라는 상태를 늘 품어라. 그런 다음 그것을 기정 사실로 확신하라. 그러면 강력한 긍정적인 힘이 작용하게 된다. 끊임없이 반복함으로써 그것이 내 자신의 일부가 된다. 성격은 우연히 만들어지는 것이 아니다. 지속적인 노력의 산물이라고 할 수 있다. 그것이 얼굴, 체형, 성격, 환경에 각인되는 것이다. 이렇듯 모든 결과의 배후에는 원인이 있다. 출발점까지의 흔적을 거슬러 올라가면 그것을 창출해 낸 원리를 깨달을 수 있다.

이런 이유로 우리의 생각이란 에너지 주기를 갖는 마음의 장이며, 우리 자신뿐 아니라 주변의 다른 이들에게도 영향을 끼친다는 사실을 기억하는 것이 중요하다.

당신은 진공상태 속에서 생각하는 것이 아니다. 당신의 생각은 보이지 않는 에너지 형태로 다른 장과 서로 주거니 받거니 하면서 창조되는 것이다. 생각은 한 세대에서 아이 세대로 전달되기도 한다. 사진이나 책, 말을 통해서만이 아니라 마음의 장 안에 남아 있는 생각의 힘에 의해서 기(氣) 형태 에너지로도 전달되는 것이다.

혹자는 우리나라에는 지식인이 아주 많다고 한다. 세계 최고의 대학인 아이비리그의 명문대 출신 석사와 박사가 수두룩하다. 지식의 양으로 평가하면, 한국도 일본과 엇비슷하게 노벨상 수상자가 나와야 마땅하다. 하지만 우리나라에는 아직도 노벨상 수상자가 평화상을 제외하고는 한 명도 없다. 그 이유는 무엇일까?

사고하는 습관 결여로 볼 수 있다. 사고하는 것은 지식 습득보다 고된 일이다. 때문에 그 무엇보다 몸을 움츠려 피하는 것이 바로 지속적이고 일관된 생각을 하는 일이다. 이것은 세상에서 가장 고된 노동이다. 생각은 창조하는 힘, 혹은 창조하는 힘을 움직이는 작용력이다. 우리가 생각을 많이 해야 하는 이유는 올바른 생각을 통해 더 나은 인생을 주도적으로 살아갈 수 있기 때문이다. 뿐만 아니라 사고를 통해 인간은 세상을 조금씩 변화시키고 있다.

사람은 자신이 상상하지 않은 곳으로 나아갈 수 없다. 이런 이유로 많은 사람이 자신이 하고 있는 일터에서 최고 경영자[CEO]가 되겠다는 결심으로 일을 하면 CEO가 될 수 있는 가능성이 아주 높다. 반면 그러한 마음을 먹어 보지 않은 경우 절대로 CEO가 될 수 없다. 목표는 내가 생각한 만큼 이룰 수 있고 달성할 수 있다. 인류는 지금까지 상상해 보지 않은 것을 이루어 낸 적이 없지 않은가.

그런데 자신에 대해 깨닫는 것은 가장 어려운 일일 뿐만 아니라 가장 힘든 일이기도 하다. 또한 반성이 중요한 이유이기도 하다. 고대 그리스 철학자인 아리스토텔레스(Aristoteles)의 말처럼 자기 반성은 결코 쉽지 않다. 자신을 냉정하게 살펴보려면 자기 비하, 자기 만족, 이기심, 자만심, 분노와 같은 부정적인 면과 만날 수밖에 없기 때문이다. 그래서 평범한 사람일수록 자신의 약점을 들추어 보려고 하지 않는다. 반면 성공한 사람, 꿈이 있는 사람, 비범한 사람일수록 자신의 내면을 분명하게 들여다볼 줄 안다. 하루하루 인생을 되돌아보면서 다듬어 간다.

몸에 많은 에너지를 갖지 않은 사람은 절대로 깊은 사고를 할 수 없다. 머리 좋은 사람도 깊은 사고를 하기 어렵다. 머리가 좋은 반면 몸속에 에너지가 부족하기 때문이다. 신은 인간을 끊임없이 사고하도록 만들었다. 요컨대 지식보다 더 중요한 것이 사고하는 힘이라 할 수 있다. 사고를 하지 않는 한 더 이상 발전할 수 없다. 적게 읽더라도 많이 사고해야 한다. 단지 지식이나 정보를 얻는 것이 아니라 스스로 사고하는 것이 그 사람의 인간성을 형성한다. 사고는 성장을 의미한다. 성장하지 않고는 제대로 된 사고가 불가능하다. 사고는 또 다른 사고를 낳는다. 맨 처음에 하는 사고는 꾸밈없는 자연 그대로의 사고이다. 결국 사고를 반복함으로써 그 사고를 발전시킬 수 있게 된다. 지속적 사고는 당신을 위대한 길로 인도해 줄 것이다.

나의 미래는 곧 나의 현재 생각이다. 나의 인생은 평소에 갖고 있던 생각, 즉 일념에 좌우된다. 지금 이 생각이 나를 어디로 이끌 것인가? 지금 하고 있는 생각은 긍정적인가, 아니면 부정적인가? 이렇게 순간순간 자신의 생각을 잘 점검하는 것이 우리가 인생을 온전히 살아갈 수 있는 비결이다.

생각은 있으나 생각하는 자는 없다

우리가 할 수 있다는 생각만 한다면 혼자의 힘만으로도 거의 무슨 일이건 다 할 수 있다. 이 세상에서 위대한 업적이라고 일컬어지는 일도 모두 처음에는 사소한 생각에서 비롯되었다. 생각하라. 다만 분명한 목적이 있어야 한다. 매사 긍정적이고 건설적으로 생각하라. 생각을 하면서 일을 하라. 생각하면서 독서를 하라. 여행을 하면서 새로운 광경을 바라보면서도 생각을 하라. 직장에서 일을 하거나 운동을 하거나 산책을 하면서도 이루고자 하는 일에 대하여 생각하라. 자신의 삶을 한 단계 더 높은 수준으로 고양시킬 수 있도록 생각하라. 진지한 생각 없이는 결코 발전도, 성공도 있을 수 없다.

만약 당신의 생각이 질적으로 충분히 우수하지 못하거나, 좋은 생각을 조금 가졌다고 포기하면 안 된다. 무슨 일이든 처음에는 서툴고 어색한 것은 마찬가지이다. 생각도 처음에는 아주 작은 씨앗에서부터 시작된다. 머릿속에 번쩍 떠오른 생각이 좋은 생각으로 이어지기까지는 오랜 시간이 소요된다. 최고의 전략이 충분히 큰 생각을 가질 때까지 기존 생각을 그대로 유지하는 것이 바로 그렇다.

같은 맥락에서 보면, 일에 임할 때 중요한 것은 올바른 사고방식을 갖는 것이다. 길을 잃었을 때 어떻게 해야 할까? 계곡이라는 장애물을 만나 움직일 수 없게 되었을 때는 어떻게 해야 할까? 닥치는 대로 고개를 넘는 것만 생각해서는 목적지에 다다르기도 전에 지쳐 쓰러지게 될 것이다. 일도 마찬가지이다. 생각 없이 닥치는 대로 일을 하다가는 힘만 소모하고 주먹구구식의 일이 되어버릴 것이다.

또한 법에 저촉되지 않으면 된다, 결과만 좋으면 된다는 식의 태도는 정말이지 아주 위험한 사고방식이다. 한마디로 품격 없는 태도이다. 만약 당신이 남을 밀어내고 가슴 아프게 하면서까지 일을 처리했다면 결국 당신은 신용을 잃고 그 일을 제대로 평가 받지 못할 것이다. 이처럼 일에서 올바르게 이기는 법에 대해 생각해 보는 것도 중요하다. 승패만을 겨룰 것이 아니라 상대방을 배려하면서 아름답게 이기는 법도 알아야 하기 때문이다. 일에 대한 미학을 가져야 한다. 어떤 사고방식으로 일에 임할지 스스로 생각해 봐야 한다.

행동하기 전에 반드시 생각을 먼저 하는 습관을 들여라. 절대로 달리기부터 해선 안 된다. 이를테면 거래처 담당자에게 연락할 일이 떠올라 통화를 한 후 한 가지 빼먹은 사실을 알아 급히 다시 전화를 걸었던 경험이 있을 것이다. 이렇듯 급히 다시 걸었지만 이미 담당자는 외출한 뒤였고, 그 때문에 일 처리가 늦어지고 말았을 것이다. 이러한 일은 누구나 겪었을 법한 일 중 하나이다. 나도 종종 경험한 내용이기도 하다.

누군가에게 전화 걸 일이 있으면 전화하기 전에 차분히 생각을 하라. 무슨 말을 할지, 그 밖에 다른 용건은 없는지 등 이 잠깐의 시간으로 헛된 노동을 막 수 있다. 따라서 전화를 할 때 되도록 아침이나 저녁 식사 이후 야간 시간대에는 하지 않는다. 점심시간에도 절대로 전화하지 않는다. 그리고 전화를 할 때는 상대방이 지금쯤 무엇을 하고 있을까 한번 생각한 이후에 수화기를 든다. 시간을 절약하는 가장 좋은 방법 중의 하나는 미리 생각하고 계획을 세우는 것이다. 5분의 생각으로 몇 시간의 일을 절약하는 경우도 종종 있다.

아침에 잠자리에서 일어나기 전 오늘을 어떻게 보낼 것인지, 내 삶의 목표와 얼마나 가까워졌는지 생각해 보라. 그리고 긍정적인 마음으로 하루를 시작하라. 이것이 지혜로운 사람이 아침을 맞이하는 자세이다. 잠자기 전에도 오늘 하루를 쭉 펼쳐 놓고 생각해 보라. 그리 많은 시간을 내지 않아도 좋다. 처음에는 단 5분만이라도 그렇게 시작해 보라. 오늘 직장에서 처리해야 할 것들, 기분 좋지 않았던 어제 일이 먼저 떠오를 수 있다. 잘못된 부분을 고쳐 나가면 된다.

하지만 이렇게 꾸준히 반복하다보면 어느새 달라져 있는 나를 만나게 될 것이다. 변화는 이렇게 어느 날 갑자기 생기는 것이 아니다. 결국 인내심을 갖고 기다리면 저절로 찾아오게 된다. 변화된 나의 모습을 그려 보며 오늘도 상쾌한 아침을 맞이하라.

chapter 2

세상을 넓고 깊게 바라보기

이 세상에서 가장 어렵다는 자녀 교육.
그것을 마음먹은 대로 이루기 위해서는 어떻게 해야 할까?
이제부터 슬슬
그 구체적인 방법을 찾아 떠나 보자.

속성으로 이룰 수 있는 일은 없다

하루가 다르게 변화하는 오늘날의 비즈니스 환경에서 유행에 따라 안주한다거나 한 가지를 선택해 집중할 수 없다면, 어떤 덩치 큰 기업이나 큰 부자라 해도 길게 살아남기 힘들 것이다.

직장이든 돈 버는 일이든 힘을 키우는 선택과 집중을 하려면 구체적으로 무엇을 어떻게 해야 할까?

본업 외에서 돈을 벌고 싶은 마음에 이것저것, 예를 들면 주식이나 부동산 투자, 다단계 비즈니스, 음식업 등에 손을 대면 별 재미를 못 보는 경우가 대부분이다. 실제로 이렇게 부업을 시작한 직장인 중 대부분이 이익을 내기는커녕 손해를 보고 있다. 하는 것마다 어정쩡한 자세를 취하기 때문이다.

어떤 부업이든 기본적으로 본업을 가장 열심히 해야 하므로 본업 이상으로 시간과 노력을 투자할 수는 없다. 당연히 본업에 밀려 소홀해지게 된다. 정히 부업을 해야겠다면, 이것저것 집적거리지 말고 어떤 일로 돈을 벌 것인지 한 가지만 정해서 그 사업을 조사하고 실천하는 데 한정된 시간과 노동력과 자금을 모조리 투입해야 한다. 그럴 의지가 없으면 아예 시작도 하지 마라. 시작했다면 실패란 불 보듯 뻔하기 때문이다. 그 이유는 무엇일까?

아무리 쉬워 보이는 부업일지라도 어떤 사람은 그 일을 본업 삼아 밤낮으로 고민하면서 전념한다는 사실을 알아야 한다. 혼자 힘으로 사업을 끌고 나가기 위해 학교를 그만두는 사람도 있고, 두둑한 급여와 달콤한 혜택을 마다하고 직장을 뛰쳐나오는 사람도 있다. 망설임 없이 긴 시간을 밤새워 일하기도 하고 가족을 포함한 인간관계나 개인의 건강까지도 희생하는 경우도 있다. 이런 사람을 경쟁에서 이길 수 있다고 생각하는가? 모든 것을 걸고 덤비는 경쟁에서 그것을 부업 정도로 여기는 안일한 마음으로는 도저히 당해낼 수 없다. 또 경쟁자가 없는 아르바이트 수준의 일일지라도 여러 가지 일에 동시에 몸담으면 실력이 올라가지도 않을뿐더러 새로운 아이디어도 짜낼 수 없다. 경쟁자가 생기면 몰락할 수밖에 없다.

한때 직장 생활을 하면서 농사를 지은 시절이 있었다. 처음에는 직장 생활이든 농사일이든 수월한 듯 보였다. 4년 정도는 그럭저럭 재미까지 있었다. 그런데 4년이 지나면서부터는 농사일이 슬슬 힘겹게 여겨졌다. 흥미 또한 사라지기 시작했다. 게다가 과음을 한 다음날에는 거의 밭에 나가지 못했다. 그렇다 보니 가뭄 때는 물을 제때 주지 못해 상추를 비롯한 채소가 싹을 틔우지 못하거나 싹을 틔웠다 해도 실하지 못했다. 나아가 가을에는 직장을 핑계로 수확 시기를 놓친 경우도 있었다. 이렇듯 농사일을 부업으로 여기다 보니 당연히 소홀할 수밖에 없었다. 결과 수확량은 항상 기대치 이하거나 형편없었다.

따라서 사업을 하고 싶다면 비용 대비 효과, 시간당 대비 효과가 가장 큰 한 가지만을 골라 한정된 시간을 최대한 투자하여 정보를 수집하고 연구한 후 실천에 옮겨라. 전혀 돈이 되지 않는 일을 제외하고는 가볍게 할 수 있는 일이란 세상에 없다.

공과 사를 반드시 구별하라

일하는 모습에서 성공을 예견하기도 한다. 그러므로 직장에서 공과 사를 구별하는 자세가 필요하다. 그 구체적을 방법을 따라가 보자.

첫째, 공금과 공용물을 아껴 써라.

접대비, 회의비, 교통비, 연료비, 복사용지 등 회사 것은 내 것이 아니다. 그런데도 아무 생각 없이 이것을 낭비한다. 커다란 복사용지에 몇 자 메모하는 직원, 겨울철 난로를 켜놓고 덥다고 상의를 벗는 직원, 법인 카드 한 장만 있으면 갑자기 행동이 커지는 직원, 가까운 거리도 회사 카드로 택시를 타는 직원 등이 그렇다. 이런 경우 당신이 회사 대표 입장이라면 어떨까? 앞에서는 별말하지 않겠지만 좋은 인상을 가질 수 없을 것이다. 평소 품행이 그 사람의 이미지에 얼마나 큰 역할을 하는지 기억해 두는 것이 좋다. 잔돈 몇 푼 아끼려다 몇 년 동안 공들여 쌓은 이미지를 한방에 날릴 수 있음을 명심하기 바란다. 상사는 직원들의 평소 행동 하나하나를 모두 평가하고 있다는 사실. 회사 돈 무서운 줄 모르면 결국 회사 돈 때문에 큰코다칠 일이 생긴다.

여기서 공과 사를 구별한다는 것은 단순히 둘 사이의 경계를 명확히 하는 것에 그치지 않는다. 공과 사를 엄격하게 구별하되 공을 우선시하고, 경우에 따라서는 공을 위해 사를 희생할 마음을 가져야 한다. 성공은 지능이 아니라 성격과 인격, 기회포착 능력이 좌우한다. 기회는 내가 성실할 때 열심히 일할 때 동료나 주위의 누군가가 가져다준다. 공과 사를 명확하게 구별하는 것이 바로 기회포착의 능력이며 성공의 문에 들어서는 핵심적 열쇠이다. 물론 직장에 열심히 다니는 것도 좋은 일이다. 하지만 어떻게 해서든 시간을 만들어 쓸 만한 생각을 더 많이 해야 한다. 주어진 일만 하지 말고, 미래를 막연히 기다리지만 말고, 운을 스스로 개척해야 한다. 일상생활에서 주어진 일만 하지 말고 더 할 수 있는 방법을 강구해야 한다. 따라서 공과 사를 분명하게 구별하고 공을 위해서 더 많은 시간을 투자해야 한다. 조직에서 일하는 동안에는 24시간을 온전히 공적인 일에 몰입할 각오로 임해야 한다. 직장생활은 길어야 30년이다. 연령적으로 팔팔한 젊은 시절 일할 수 있다는 것을 감안한다면 주어진 시간은 짧다. 그 기간만큼이라도 온전히 내가 속한 조직을 위해 일해 보라. 성공은 그런 과정 속에서 찾아오게 된다.

둘째, 일에 임하는 자세를 달리 하라.

조직 내에서 공적인 영역과 사적인 영역을 명확히 구별하고 공적인 영역이 사적인 영역에 침해당하지 않도록 하는 자세야말로 성공을 예측하는 중요한 기준이 된다. 공과 사를 구별하는 것은 조직에 소속된 사람이면 반드시 지켜야 할 기본 사항이다. 근무 시간에 잡담하고 커피 마시고 담배 피우기 위해 자리를 자주 비우고 사적인 시간으로 낭비하는 모습을 좋은 시선으로 바라볼 사람은 아무도 없다. 이런 부분이 명확하지 않은 사람이 성공할 수 있는 확률은 거의 없다.

한편 어떤 성취를 이루었을 때 우리는 말할 수 없는 가슴 벅참을 느낀다. 이 벅참이란 위대한 실적이나 성공을 실현했을 때만 얻어지는 것이 아니다. 일상의 일거수일투족에서도 얼마든지 얻을 수 있는 쾌감이다. 내가 이 일을 이루었을 때 회사는 내게 얼마나 보너스를 지급할까? 성과급은 얼마를 지급할까? 이 같은 설렘을 가지는 사람은 이류를 벗어나지 못한다. 무릇 일류란 일에 빠져 시간가는 줄 모르고 일에 몰두하는 경우라 할 수 있다. 더구나 일 잘하는 사람은 혼자서 성과를 내지 않는다. 하나부터 열까지 모든 일을 혼자 하지 않는다. 핵심적인 일 한두 개에 집중하여 타인과 협력하여 한 단계 발전된 성과를 낸다. 무릇 일이란 많은 사람의 협력을 통해서 진행되는 것이다. 여기서 협력을 이끌어내어 성취 했을 때 가장 보람을 느끼는 사람이 일류이다.

일류는 최고 경영자, 상사, 후배, 경쟁자, 고객 등 모든 사람의 협력을 모색하고 공존과 번영을 창출해 나가는 위치인 신입 사원도 가능하다. 일류는 바로 그것을 알고 있다. 그리고 그 앎을 곧바로 실천한다. 나의 직급은 지금 대리이니까 거기에 알맞은 일만 하면 된다는 착각을 지금 버려라. 실무자 따로 있고 책임자 따로 있는 조직의 미래는 발전이 없다. 내가 받는 돈만큼만 일한다는 생각을 버려라.

오늘날 자타가 공인한 성공한 사람들이 털어놓은 출세 공식은 과거 그것과는 일하는 방식이 판이하다. 미래 사회는 체계적으로 일하는 사람이 중요한 일을 하게 될 것으로 내다본다.

흔히 인생을 예측할 수 없다고 말한다. 하지만 장년기에 이르면 예측하기 어려운 일보다 짐작할 만한 것이 더 많아지게 된다. 인생살이에 있어서도 그렇고, 사업에 있어서도 그렇다. 이런 이유로 일하는 모습에서 자녀의 성공을 예측할 수 있다고 본다. 어떤 형태로든 일하는 과정 자체가 자녀에게 영향을 미칠 뿐만 아니라 미래의 일은 지난 삶의 결실로 나타나기 때문이다.

자기 관리에 지독하게 철저하라 1(외면적 노력)

지금은 치열한 생존경쟁에서 살아남기 위해 총력을 기울이는 시대라 할 수 있다. 출세란 더 이상 선택이 아니라 필수가 되어버린 것이다. 그래서 언제 어디서든 누구에게나 인정받고 발탁되지 않으면 생존조차 담보하기 어려운 아주 빠르게 변화하는 위기의 시대에 살고 있는 것이다. 따라서 지금 자기 관리에 지독하게 철저하라고 말하고 싶다. 모든 유혹 뿌리치고 절제된 생활을 하라는 말이다. 이를테면 다음의 것이 그것이다.

첫째, 운동을 하라. 몸에 활력이 넘친다. 운동은 끈기를 기르는 데 많은 도움을 준다. 본격적으로 운동을 하면 자신의 한계에 도전하는 경험을 하게 된다. 끈기가 없으면 운동을 계속할 수 없다.

현대 기업이 요구하는 인재의 필수사항 중 하나가 끈기이다. 끊임없이 몸을 단련해야 강인한 정신력이 생긴다. 강인한 정신력이야말로 성공의 열쇠이다. 목표를 달성하는 사람이 되려면 강인한 정신력이 필요하다. 인간의 몸과 마음은 끊을래야 끊을 수 없는 관계이다. 어떤 운동이든 좋다. 정기적으로 운동을 하라. 정신력이 강해지고 집중력이 향상되는 것을 실감할 수 있다.

운동이 인지능력을 향상시킨다는 것은 이미 과학적으로 증명되었다. 즉 규칙적인 운동이 학습과 기억을 담당하는 뇌 해마 부위에서 새로운 신경세포의 생성을 증가시켜 기억력이나 집중력을 나아지게 한다. 이와 같은 이유로 선진국뿐만 아니라 우리나라의 교육 현장에서도 수학과 같은 어려운 교과목 수업 이전에 체육 수업을 배치해서 좋은 성적을 올렸다는 언론 보도도 나오고 있다. 직장 생활도 마찬가지이다. 운동이 업무의 집중력 향상뿐만 아니라 집중력 있는 업무 수행 능력을 지치지 않게 돕는 장점도 있다. 이렇듯 운동은 인생의 좋은 열매를 맺는 씨앗이 될 수 있다.

둘째, 항상 책을 읽어라. 단 생각하면서 읽어라.

셋째, 깊게 호흡 하라. 복식호흡이 좋은 까닭은, 공기를 충분히 들이마시므로 혈액의 흐름이 좋아지기 때문이다. 혈액과 함께 산소와 영양소가 몸 구석구석까지 옮겨져 세포가 활성화됨으로써 건강해지고 젊어지기도 한다. 혈류가 좋아지면 피부색도 좋아져

윤기와 탄력이 좋아지는 것은 당연한 사실이다. 그 뿐인가. 화가 날 때, 마음이 소란스러울 때 단전에 마음을 집중시켜 천천히 호흡해 보라. 마음이 진정되는 것은 물론이고 집중력이 높아지는 효과도 있다. 약속 시 상대를 기다릴 때, 어떤 장소에서 줄을 서서 기다릴 때 잠깐씩 이 새로운 호흡법을 연습해 보라. 그리고 나의 호흡이 깊은지 점검해 보라. 일을 하다가도 잠자기 전에도 항상 호흡법에 관심을 가져 보라. 의식적으로 깊게 들이마시는 연습만 해도 건강하게 살아갈 수 있다.

넷째, 음식을 정성껏 먹어라. 라면이나 분식으로 때우지 마라. 식사할 때는 곡·채식 위주로 해서 꼭꼭 씹어 먹어라. 음식이 일하는 데, 공부하는 데 육체활동 에너지의 원천이 된다. 뿐만 아니라 정신적인 에너지에도 영향을 미친다. 이때 절제란 먹거리에서 매우 중요하다. 선진국 국민의 최대 적은 탐식이다. 풍요로운 음식과 식탐은 비만과 건강의 악화를 가지고 오고, 많은 사람이 이로 인한 질병으로 고생하고 있다. 그러나 지혜로운 사람은 절제할 줄 안다. 더 많이 먹는 것이 건강에 독이 되는 것을 알고, 멈출 줄 아는 것이다. 우리의 삶에서도 욕심으로부터 멈출 줄 아는 절제의 지혜가 필요하다.

자신이 성공할 것인지 알고 싶다면 음식을 절제하고, 이를 매일 실천해 보면 된다. 만약 이것이 쉽다면 반드시 성공할 것이고, 그렇지 않다면 평생 성공할 수 없다고 판단하면 된다. 음식을 절제할 수 있는 사람은 모든 것을 절제할 수 있기 때문이다. 음식을 절제하면 마음의 안정을 얻고 몸을 보살피는 근본이 된다. 그렇기 때문에 스스로 흔들리지 않는다. 성공이 준비되지 않은 사람은 식사를 절제하려 해도 쉽지 않다. 그래서 성공하는 사람이 적은 것이다.

만약 중요한 시합에 출전한다면 평소 먹던 음식량의 80퍼센트 정도만 먹어라. 최고의 기량을 발휘하기 위해서이다. 평소 놀 것 다 놀고 배불리 먹고서는 최고의 성과를 기대할 수 없다. 적당히 먹고 마셔야 시간 낭비를 줄이고 최고의 몸 상태를 유지할 수 있다. 중요한 점을 말하면 음식을 절제할 수 있는 사람만이 성공할 수 있다. 음식은 기본적인 욕구로 절제가 가장 어렵기 때문이다.

다섯째, 간식을 먹지 마라. 건강을 해치는 것은 물론 성공의 걸림돌로 작용한다. 마시멜로 이야기에 나오는 실험처럼 배고픔을 참는 것도 인내력을 기르는 중요한 행동이다. 조금 가볍게 먹고, 덜 마시는 반면 몸은 조금 더 바지런히 움직여 보라. 그리고 무심코 편리함을 추구했던 작은 습관부터 하나씩 바꿔 보기 바란다.

이와 같이 자기 관리를 철저히 하면 몸에서 엄청난 에너지가 생성된다. 이 에너지로 마음먹은 모든 일을 이룰 수 있다.

자기 관리에 지독하게 철저하라 2(^{내면적 성찰})

깨끗한 생각이 깨끗한 습관을 만든다.
자신의 마음을 씻지 않는 사람은 건강으로부터 자유로울 수 없다. 하지만 자신의 마음을 정화시키는 순간, 질병에서 멀어질 수 있다.

주위의 질병으로부터 고통 당하는 사람을 보라. 분명히 마음이 깨끗하지 않을 것이다.

몸을 완벽하게 건강한 상태로 유지하고 싶다면 마음부터 지켜라. 몸을 재생시키고 싶은 사람 역시 마음부터 올바르게 만들어야 한다. 마음속에 악의, 질투, 분노, 불안, 실망으로 가득 채운 후 건강과 아름다움을 기대하지 마라. 우울한 얼굴은 우연의 산물이 아니다. 우울한 생각이 그렇게 만든 것이기 때문이다. 얼굴에 나타난 잔주름이나 보기 흉한 주름은 어리석은 마음, 이성을 잃은 마음, 이기적인 마음에서 생겨난다.

요컨대 깨끗한 마음은 깨끗한 혈액을 만들어 바른 삶과 몸을 만드는 원천이 되고, 더러운 마음은 혼탁한 삶과 몸을 만든다. 생각은 행동, 신체, 환경 등 모든 체험의 근원이 된다. 근원을 깨끗이 하면 모든 것이 더불어 깨끗해질 수 있다.

흔히 식생활을 개선하여 건강을 지키겠다고 말한다. 이 말도 틀리지는 않다. 하지만 마음 다스리기가 병행되지 않는 단순한 식생활 개선은 아무런 치료 효과를 기대할 수 없다. 항상 깨끗한 생각을 하게 될 때 비로소 몸속 병원균에 대한 걱정도 사라진다. 그 순간부터 자연스럽게 몸에 좋지 않은 것을 멀리하게 된다는 사실을 잊지 않았으면 한다.

한편 부자가 되는 고통은 잠깐이지만 가난으로 겪는 고통은 평생 간다. 부를 이루는 것도 성공도 절제가 필요하다. 절제된 만큼 대물림되기 때문이다. 아니 대대손손 대물림된다. 그래서 나는 젊은 친구들에게 아직 젊음이라는 명석한 두뇌 자산이 있을 때 자기 자신과의 싸움을 치열하게 하라고 권한다. 젊어서 땀 흘리는 노력을 게을리하면 늙어서 눈물 흘린다는 사실을 알기 때문이다. 물론 쉽지 않은 것은 내가 누구보다 잘 알고 있다. 나도 쉽지 않았기 때문이다. 하지만 머릿속에 한 가지만 명심한다면 그 어려움쯤이야

이겨낼 수 있을 것이다. 성공하기 위한 고통은 잠깐, 가난의 고통은 가장 사랑하는 아이에게 대물림된다는 사실.

그렇다. 오늘을 살지 않고는 내일을 맞이할 수 없는 것처럼, 일이라는 것은 기본적으로 하나하나 단계를 밟아 나가지 않으면 안 된다. 속이고 기만해서는 결코 최후의 승자가 될 수 없다. 누군가 속이면 잠깐 동안은 그들을 조롱하며 이익을 얻을 수 있겠지만 신으로부터의 죄의 심판은 절대 피할 수 없다. 하늘에서 다 보고 있기 때문이다. 죄의 심판은 당장 나타나지 않는다. 어떤 방법으로든 심판 받는다는 사실을 명심하기 바란다. 비도덕적인 행위에는 그에 대한 대가가 반드시 따르기 마련이다. 내가 심판 받지 않는다면 가장 사랑하는 아이가 그 불행의 대가를 치르게 된다는 사실을 알고 행동하라.

몸을 고치려면 마음부터 바로잡아라

삐쩍 마른 모습으로 혹은 제 몸도 주체 못할 정도로 비만인 몸으로 누구한테 호감을 얻고 무슨 일을 도모할 수 있겠는가? 몸이 망가지면 사소한 일로도 업신여기는 꼴을 당하기 쉽다. 강한 몸이 가장 강건한 경쟁력이다.

간단한 치통이나 몸살 앓을 때를 생각해 보라. 만사가 귀찮고 자신도 없어지며, 그야말로 삶에 대한 의욕 자체를 상실하고 만다. 치유가 어렵다는 병에 걸리고 나면 그때 비로소 산다는 게 정말 건강 말고는 아무것도 아니라는 것을 절실히 깨닫는 기회가 된다. 세상만사는 인간의 육체사이다. 산다는 것도 결국은 내 몸 하나 편하자고 애쓰는 것에 불과하다.

건강하지 못하면 출세는 꿈도 꾸지 마라. 건강이 좋지 않아 골골거리면 업무 능력이 떨어지는 것은 당연하다. 몸살로 병가가 잦으면 주위 동료로부터 기피 대상이 된다. 성공한 사람은 기본적으로 천하장사 같은 체력을 가지고 있다. 치열한 경쟁사회를 살아가면서 내 몸 하나 건강하게 관리하지 못하는 것은 전장에서 무기도 없이 맨손으로 싸우는 것과 같다.

이때 너무 서두르지 않는 것이 좋다. 쉬 더운 방이 쉬 식는 법. 성급하게 멋진 몸매를 만들려고 하지 마라. 또 눈앞의 사사로운 이익에 사로잡히지 마라. 성급하게 하다보면 반드시 부작용이 동반된다. 설혹 멋진 몸매를 만들었다 해도 문제가 발생한다. 무슨 일이나 조급하게 서두르면 졸속에 빠진다. 눈앞의 사소한 이익에 욕심을 내면 결코 큰일을 이루지 못한다. 급할수록 돌아가라 하지 않았던가. 서두른다고 되는 것이 아니다. 때가 되어야 여문다. 원대한 목표를 세우고 한발 한발 착실하게 실천하여라. 이것이 위대한 일의 성취 비결이다.

통계에 의하면 성공한 사람의 공통점은 전부 몸이 강하다는 것이다. 며칠 밤을 새워도 버텨내는 체력을 가지고 있다. 겉보기에는 서생 같아도 그들은 강인한 체력을 가지고 있다. 이와 같은 몸 건강 못지않게 마음 건강도 중요하다. 마음에 깃든 병은 고치기 어려울 뿐만 아니라 그 유사증(類似症)이 오래 가며 성공의 큰 걸림돌로 작용한다. 몸 건강을 위하여는 좋은 음식과 꾸준한 운동으로 생활습관을 개선하는 것이 필요하다. 하지만 그보다 먼저 마음의 건강이 선행되어야 한다. 꾸준한 운동만큼이나 마음을 닦는 수련을 게을리해서는 안 된다. 마음이 약한 자는 다른 사람보다 스트레스를 더 많이 받고, 이를 이기기 위해 술과 담배, 유흥 등에 의지하려 하거나, 욕심을 이기지 못해 스스로 병을 만들고 키워서 결국은 몸을 망치고 인생까지 망칠 수 있다.

사실 몸과 마음은 서로 연결되어 있다. 따라서 몸을 고치려면 맘보부터 고쳐야 한다. 두통, 속병 고치려면 마음부터 바로잡아라. 그러면 머리가 상쾌해지고, 온몸이 편해지고 활성화 된다. 내가 편하면 세상이 다 좋아 보인다. 내가 편하면 누구에게나 관대해진다. 세상만사 맘먹기 나름이라는대, 그 마음은 내 몸이 건강하고 내 처지가 좋아야 한다. 다시 말해 건강하게 살려면 자신이 변하는 수밖에 없다.

이 순간만을 남기고 모두 버려라

성공을 이루는 가장 단순한 방법은 지금 눈앞의 일에 몰두하며 순간에 충실히 살아가는 것, 이는 미래를 열어주는 길이 된다. 따라서 오늘이라는 하루를 열심히 살아가는 것이 무엇보다 중요하다. 아무리 원대한 목표를 세웠다 하더라도 하루하루의 작은 일에 충실하지 못해 실적을 쌓지 못한다면 성공은 있을 수 없다. 위대한 성과는 견실한 노력의 집적이기 때문이다. 아무리 작은 일이라도 하찮게 여기지 말고 오늘 하루를 성실하게, 열심히 살다보면 내일은 자연히 오게 되어 있다. 일분 일분이 모여 시간이 되고 하루가 된다. 이런 이유로 지금 이 순간에 자신이 해야 하고 가장 잘할 수 있는 일을 열심히 하는 것이 중요하다. 이러한 순간이 차츰 하루가 되고 한

달이 되고 1년이 되어 쌓이고 쌓여 10년이 되면 마침내 눈부신 성공의 아침을 맞이할 수 있다. 거대한 규모의 나무농장 사무실의 한쪽 벽에 다음의 글이 쓰인 액자가 걸려 있었다.

"나무를 심을 가장 좋은 시기는 20년 전이다. 그리고 두 번째로 좋은 시기는 오늘이다."

자신의 직업에서 전문가가 될 적기는 바로 지금이다. 좀 더 일찍 시작했더라면 하고 한탄할 수도 있다. 혹은 더 훌륭한 교사 또는 조언자를 오래 전에 만났어야 한다고 아쉬워할 수도 있다. 하지만 부질없는 생각이다. 과거를 돌아보며 한탄하는 것은 앞으로 나아가는 데 전혀 도움이 되지 않는다. 이미 지나버린 과거는 어쩔 수 없다. 오히려 과거에 대한 생각을 청소하고 오늘을 열심히 산다면, 후회스럽던 지난날이 멋진 미래를 위한 준비 과정으로 생각된다.

이 순간만을 남기고 모두 버려라. 일을 하는데 어떻게 하는가는 항상 무엇을 하는가 보다 중요하다. 당신이 현재의 순간을 존중하면 모든 불행과 고난이 해결되고 삶은 기쁨으로 충만하기 시작한다. 현재 순간에 충실하면서 깨어 있으면 무슨 일을 하든 가장 단순한 움직임 하나에도 고결한 마음이 들게 된다. 따라서 지금 이 순간을 열심히 살라. 자연의 작은 움직임은 그 중요성을 우리에게 무언으로 말해 주고 있다.

툰드라 지대에서는 짧은 여름 동안 많은 식물이 일제히 싹을 틔울 뿐만 아니라 가능한 많은 꽃을 피운다. 또한 씨를 만들어 내며 짧지만 밀도 있는 삶을 살아간다. 그렇게 함으로써 긴 겨울을 준비하고 다음 세대로 자신의 생명을 이어갈 수 있다.

자연계의 모든 생물은 주어진 짧은 시간과 한정된 순간을 자연에 순응하며 최선을 다해 성실하게 살아간다. 지금이라는 순간을 필사적으로 살아가며 작은 생명을 내일로 이어나간다. 하물며 식물도 이러할진대 우리 인간이 초목들에 질 수 없지 않은가? 하루하루를 그냥 보내지 말고 진지하게 살라.

삶의 깊이를 찾아라

인간은 누구나 수백억 개의 뇌세포를 가지고 있다. 하지만 일반 사람은 1~2퍼센트, 간혹 뛰어난 사람이 3~4퍼센트, 한 세기에 두세 명 나올까 말까 하는 천재조차도 5~6퍼센트밖에 사용하지 못한다고 한다. 뇌는 아무리 써도 다 쓸 수 없다. 하지만 뇌도 인체 다른 기관과 마찬가지로 쓰면 쓸수록 더 발달한다. 누구나 일을 하면서 생각하고 고민한 후 행동한다. 일을 많이 할수록 깊은 고민에 빠진다. 여느 신체 기관과 마찬가지로 행동을 반복함에 따라 뇌세포의 회로는 더욱더 촘촘하게 건강한 근육이 형성된다. 뇌에 혈관 근육이 형성됨에 따라 혈액순환이 원활하게 이루어져 엔도르핀 호르몬(endorphin hormone) 분비량이 늘어나 즐거움을 느끼게 된다. 이처럼 일을 더 많이 하기 위하여는 뇌를 많이 쓸 수밖에 없다. 그래서 일을 열심히 하면 할수록 두뇌가 활성화 되어 일이 즐거워지게 되는 것이다.

뇌세포를 어떻게 사용하든 간에 어떤 일이든 처음 시작할 때는 어색하고 서툴 것이다. 하지만 그것을 계속 반복, 반복, 반복하다 보면 점차 숙달되게 마련이다. 흥미라든가 관심, 의욕 따위는 그 일에 몰두하여 일하는 과정에서 자연스럽게 솟아나는 것이지 그 일을 시작하는 단계에서부터 느껴지는 것이 절대 아니다. 스포츠나 음악, 그림에서도 마찬가지이다. 뿐만 아니라 바둑이나 장기 또는 일이나 사업 같은 승패를 겨루는 일이나 여러 가지 배움이나 훈련에도 적용된다. 공부도 그러하다. 몰두하고 열중하는 사이에 능력 향상과 함께 점차 재미가 붙게 되는 것이다.

회사에 다니는 사람도 이와 다를 게 없다. 일을 하지 않으면 살아갈 수 없으므로 회사에 다니고 있다. 물론 그것은 삶의 문제를 해결하기 위해 당연한 일인지도 모른다. 하지만 아무런 흥미도 느끼지 못한 채 마지못해 일을 하는 사람도 많다. 이것이 바로 문제이다. 일이든 놀이든 공부든 간에 그것 자체에 몰두해야만 진정한 즐거움을 느낄 수 있는 법이다.

내 경험에 비추어 볼 때 일이든, 공부든, 운동이든 그 즐거움을 느끼기 시작하는 때는 처음 시작한 후 대략 10년 정도가 지나면서

부터이다. 개인에 따라 약간의 차이는 있을 수 있겠지만 마라톤의 경우를 예로 들자면 10년 정도 연습해야 몸에서 힘이 자연스럽게 빠지면서 가볍게 달릴 수 있게 된다. 그러면서 달리기의 진정한 즐거움을 느낄 수 있다. 이때 그냥 달리면 안 되고 가슴이 터질 정도로 숨 가쁘게 열심히 연습해야 가능하다.

오늘의 시련이 미래의 원동력이 된다

직장 생활을 하다 보면 예기치 않게 원하지 않는 부서로 이동할 때가 있다. 이렇듯 우리 앞에는 쉬운 일, 좋아하는 일만 다가오지 않는다. 궂은일, 힘든 일, 적성에 맞지 않는 듯한 일이 자주 찾아온다. 사실 쉬운 일은 가치가 적은 일인 경우가 허다하다. 진정 가치가 적은 일이라면 어렵고 시간도 많이 걸리지 않기 마련이다. 쉬운 일만 찾는다면 자기 발전은 영영 이루어지지 않는다. 어려운 일을 하나의 기회로 생각하고 회피하지 마라. 정말 못할 것 같았고 무척 싫어하던 일도 적극적으로 임하다 보면 어느 시점에서 좋아지게 되는 것이 일의 속성이다.

요컨대 싫어하는 일도 책임감을 갖고 해 나가야 한다. 에너지를 높이 유지하려면 이런 것을 잔일로, 귀찮은 일로 생각지 말아야 한다. 그것을 당연히 해야 하는 일로 혹은 새로운 일을 배우는 기회로 여기라는 의미이다. 어려운 일을 자주 하다 보면 어느 날 갑자기 자신의 능력이 향상됨을 느낄 것이다. 사실 그때부터 일이 좋아지기 시작한다.

만약 마음에 맞지 않는 사람과 일을 하게 되면 인내심을 기르고 사람 다루는 방법을 배우는 기회로 삼길 바란다. 혹은 까탈스런 상사와 함께 일한다고 스트레스 받지 마라. 나쁜 상사가 결코 좋지 않은 것만은 아니다. 달리 생각해 보면 업무 능력을 향상시킬 수 있는 기회를 제공받은 셈이 된다. 실수하지 않으려 항상 확인하고, 나태한 모습을 보이지 않으려고 늘 긴장하게 된다. 일 역시 더 많이 하게 된다. 이런 자세를 유지하다 보면 결과적으로 업무 능력이 향상된다. 나아가 적당한 긴장으로 수명이 연장되는 장기적인 효과도 있으니 오히려 감사할 일이다.

일반적으로 상사란 배우겠다는 마음으로 대하면 내게 도움을 주는 귀한 존재이지만 싫고 부담스럽다는 마음으로 대하면 한없이 나를 괴롭히기 위해 태어난 껄끄러운 존재가 되고 만다. 따라서 같이 일하기 싫은 상사일지라도 그를 따르고 존경하도록 노력하라. 이때 상사와 소통하는 첫 번째 열쇠, 배우겠다는 마음가짐으로 상사를 대하라. 실력 있는 상사라면 그 밑에서 오래 견디는

게 수지맞는 장사이다. 그러면 상사가 자신을 훈련시켜 준 고마운 조련사라는 사실을 깨닫게 된다.

지금 가급적 남이 하기 싫어하고 어렵다고 말하는 일을 찾아 해라. 현재 하는 일이 어려울수록 미래에 크게 성장하는 데 도움이 된다. 아무 도움이 되지 않는 듯한 일도 미래에 어떠한 형태로든 자산으로 작용한다. 살아가면서 일방적으로 잃는 것은 없기에 그렇다.

사실 직장 생활을 하다 보면 기회가 찾아온다. 그것은 업무 과다로 인한 이직 충동일 수도 있고, 업무가 적성에 맞지 않아 심각하게 고민을 해야 할 수도 있다. 이러한 문제는 직장인 본인에게는 괴로운 일일 수도 있으나 다른 각도에서 생각해 보면 새로운 기회가 될 수도 있다. 하던 일을 접고 새로운 일을 시도할 기회, 이제까지의 경험을 바탕으로 좀 더 큰 변화를 시도할 기회이기 때문이다. 따라서 절대로 회피하지 마라. 현명하게 활용해라. 당신에게 새로운 날개를 달아 줄 최고의 전환 시점이 될 수도 있다.

원리원칙에 충실하라

우리는 살면서 속도의 문제와 계속해서 전쟁을 치를 수밖에 없다. 속도를 내기 위하여 변칙을 선택한다. 그도 그럴 것이 우리의 유한한 인생 안에서 보다 많은 것을 빠른 시간 안에 얻어 내기 위해서는 속도를 높이는 것밖에 다른 방법이 없기 때문이다. 그런데 이러한 속도의 문제에서 당신을 더욱 압박하는 것은 바로 다른 사람과의 비교이다. 저 멀리 화려하게 앞서가는 사람을 보면 뒤처져 있는 내 자신이 초라해 보이고 더 빨리 따라가야겠다는 생각에 마음만 다급해진다. 하지만 성공은 원한다고 빨리 주어지는 것이 아니다. 그것은 어느 한순간에 당신 앞에 짠하고 나타나 곧바로 엄청난 부를 안겨 주고 명예와 성공을 보장해 주는 것도 아니다. 당신이 지금의 위치에 굴하지 않고 끝까지 자신만의 원칙을 지키며 목표를 향해 꾸준히 걸어갈 때, 비로소 성공은 당신 앞에 모습을 나타낼 것이다. 이때 2~3년 단기적 성공을 원한다면 변칙을 부려라. 정치적으로 행동하라.

하지만 20~30년 장기적인 안목으로 볼 때 원칙이 변칙을 앞선다. 개인이나 기업에서 원칙은 매우 중요하다. 원칙을 어떻게 고수하느냐에 따라 신뢰의 수준이 결정되기 때문이다. 약간의 타협에도 원칙은 큰 타격을 입고 신뢰는 바닥으로 떨어진다. 가정이나 기업에서 신뢰를 받지 못하면 그 존재 가치 자체가 갑자기 사라지는 현상이 일어나기도 한다. 성공을 눈앞에 두고 성취해 내지 못한 경우 재능이나 지식이 부족해서가 아니다. 가장 기본적인 원칙을 지키지 않았기 때문이다.

스포츠에서 어떤 팀이 경쟁에서 지고 있을 때 하는 말이 있다. 그것은 바로 '기본으로 돌아가야 한다'는 것이다. 이 말은 인생이나 비즈니스에서도 똑같이 적용된다. 기본 원칙을 먼저 배우면 실패를 줄일 수 있고 성공으로 가는 직항 노선을 밟게 된다.

성공은 아주 간단한 진리에 있다. 살다 보니 가장 빠른 길은 원칙을 지키며 바른 방향으로 나아가는 것이란 사실을 깨닫게 되었다. 크게 성공한 사람일수록 원리원칙을 고수했다는 말을 한다. 우리나라처럼 편법이 난무하는 나라에서는 원칙을 고수하는 사람은 고지식하게 보여 답답할 수도 있다. 그래도 바르게 살아야 한다. 사실 원칙의 기준 아래서 한 번쯤은 편법을 부려볼 수도 있다. 우리는 이를 융통성이라 일컫는다. 그러나 편법 위에 편법을 한 번 더 부리면 처음의 원칙은 없어지게 되어 있다. 편법을 두 번 부리면 일반인의 예측 가능한 행동에서 벗어나게 되고 실없는 사람으로 평가 받게 된다. 때문에 살아가면서 가급적 남에게 책잡힐 짓이나 양심에 부끄러운 일을 결코 해서는 안 된다. 그것이 큰 흠이 되지 않더라도 작은 규칙을 어겨야 할 때가 있다면 대세를 따르는 데 별일 없겠지라든가 이번만 넘어가지라는 식으로 자신을 합리화하지 않아야 한다. 사소한 일이 자신이 쌓아온 모든 것을 한순간에 날려버리는 엄청난 사건으로 확대될 수 있기 때문이다.

따라서 나이를 먹어갈수록 자리가 올라갈수록 법을 지키고 타인이 이를 어떻게 생각할까라는 생각까지 더해 행동한다면 흠 없는 인생을 살 수 있다. 특히 다른 사람을 도와줄 목적으로 잘못된 행동을 하지 않도록 주의해야 한다. 이따금 다른 사람을 위해 무심코 한 행동이 자신에게는 치명적인 일격이 되어 돌아올 수 있기 때문이다.

일반적으로 매사 정직, 성실, 규칙 등 원칙을 지킨다는 것은 그만큼 몸속에 에너지가 많다는 것을 의미한다. 이러한 에너지는 자연스럽게 아이에게로 전달되어 아이의 성공에 큰 영향을 미친다.

아이를 생각한다면 편법, 속임수 등 이기주의로 살지 마라. 원칙주의자 아이일수록 크게 성공한다.

큰 인물은 그냥 만들어지는 것이 아니다. 세대 간에 내공이 쌓여서 만들어지는 것이다. 올바른 삶, 깊이 있는 삶, 정직한 삶, 열정적인 삶, 원칙적인 삶을 사는 사람의 아이가 국가 사회에 이바지 하는 큰 인물이 된다.

우물에 가 숭늉 찾지 마라

밀러(Miller, Henry Valentine)는 속도보다 중요한 것이 방향성이라 했다. 속도 완급이 문제가 아니고 방향성이 중요하다는 의미이다. 갈지자로 빨리 가려고 한들 가야 할 방향을 제대로 잡지 않으면 가야 할 방향을 잃어버리고 어디론가 다른 방향으로 가게 된다. 필요 없는 여정을 길게 하면 만나지 않아야 할 사람도 만나게 된다. 가다 보면 장애물도 많고 때로는 어려운 함정에 빠져 벗어나지 못하게 되기도 하고 영원히 소멸될 수도 있다. 하지만 그러한 역경 속에서도 행운이 숨어 있다는 사실을 알아야 한다.

여기서 하나 더 잊지 말아야 할 것은 자신을 올바르게 다스리지 못하는 한, 책임 있는 높은 지위에 결코 오를 수 없다는 사실이다. 오르는 순간 불행의 단초가 제공된다. 순간순간 행동으로 표출된다. 냉정한 판단을 내릴 수도, 책임 있게 행동할 수도 없기 때문이다. 기쁨을 주는 진정한 성공은 나를 올바로 다스릴 때 누군가가 가져다준 선물이다. 그렇지 않으면 오랜 시간이 흘러도 진정한 성공을 이룰 수 없다. 설령 높이 오른다 해도 마음 한구석에는 허전함만이 남는다. 그리고 곧바로 내려올 일만 남는다.

성공은 목표를 달성하고자 굳게 결심하고, 이기적인 생각과 변덕스러운 감정을 버릴 때 달성할 수 있다. 따라서 늘 명확한 목표를 가지고 그것을 달성하기 위해 집중해야 한다. 또한 항상 새로운 마음가짐을 가질 수 있도록 노력해야 한다.

마음이 높아질수록 더욱 크게 성공할 수 있고, 그 성공을 오랫동안 지속시킬 수 있다. 표면적으로 어떻게 보이든 탐욕스러운 사람, 정직하지 못한 사람, 부도덕한 사람에게는 아무도 도움의 손길을 내밀지 않는다. 그러나 적극적인 사람, 정직한 사람, 이타적인 사람에게는 항상 누군가가 도움의 손길을 내민다. 사람들은 이를 흔히 운이라고 일컫는다. 과거 위인들의 삶이 정확하게 그 사실을 증명하고 있지 않은가.

또한 사람은 인간성을 키우고 더욱 품위 있는 인간이 되기 위해 계속 노력함으로써 그 사실을 증명할 수 있다. 마음을 항상 올바르게 다스리면 성공은 조금 시간이 걸리지만 신경 쓰지 않아도 된다. 반드시 성공만이 찾아올 것이기 때문이다. 다만 성공이 늦은 나이에 찾아온다는 점이다. 80살이 지나서 인생의 최전성기가 찾아오기도 한다. 따라서 결과를 생각지 않고 평온하고 즐거운 마음으로 임무를 성실히 수행할 때, 올바른 생각과 노력은 반드시 좋은 결과를 가져온다는 사실을 깨닫게 될 것이다.

자, 지금 조용히 눈을 감고 운명에 대해 생각해 보라. 늘 운명이 내 편이라 행복감만 느끼게 해주면 좋은데, 어디 현실이 그런가? 운명이란 놈은 행복과 불행을 교묘히 안겨 준다. 때문에 그 행복과 불행이 어떤 순서로 우리에게 찾아올지는 아무도 모른다. 때로는 10년 동안 시련만 찾아올 때도 있다. 하지만 절대로 자신을 버려서는 안 된다. 이것이 내 운명이라고 당당하게 받아들일 각오를 했으면 좋겠다. 만일 그 운명에서 도망치더라도 도망간 그곳에서도 새로운 운명이 기다리고 있고, 또다시 시련을 안겨 줄 것이다. 이런 까닭에 그 누구도 절대로 운명 앞에서 도망칠 수 없다. 그렇다면 차라리 운명을 겸허하게 받아들이는 것이 낫지 않을까? 그리고 운명을 받아들이는 것이 바로 인생 아닐까?

당신 꿈을 펼쳐라

우리가 인생의 주인공으로 살기 위해서는 무엇보다 필요한 것이 하나 있다. 그것은 바로 자신의 인생이 무엇을 향해 나아가고 있고, 무엇을 얻기 위해 살아가고 있고, 무엇을 간절하게 갈망하고 있는지 그리고 그것을 얻기 위해 무엇을 해야 하는지 명확하게 아는 것이다. 이는 이 세상에 존재하는 수많은 책 속에서도 찾을 수 없다. 오직 내 자신의 내면으로부터 찾아야 한다. 내가 원하는 것이 무엇인지 명확하게 정립하는 것이 내 인생의 주인공이 되는 첫 번째 단계이자 성공의 시발점이다.

그렇긴 하지만 꿈에도 주의할 것이 있다. 꿈도 부자가 되어 자신이나 가족이 호의호식한다는 이기적인 꿈이 아니라 이타적인

꿈이어야 한다. 그래야 누군가의 도움으로 한결 수월하게 이루게 된다. 그러면 당신의 꿈은 어떠한가? 꿈이 이루어지면 가족이나 동료, 친구에게 얼마나 도움이 되는지, 무엇을 얻을 수 있는지 등 당신의 꿈이 사회나 주위에 도움을 주는 이유를 생각해 보라.

'여행을 가면 가족의 정이 훨씬 돈독해질 것이다, 나의 행동이 주위 사람에게 도움이 될 것이다, 이 제품은 고객에게 유용한 가치를 제공할 것이다, 책을 출간함으로써 많은 이의 마음의 길잡이가 될 것이다'라는 식으로 말이다.

인간은 남을 기쁘게 하는 일에 에너지가 넘쳐흐르게끔 태어난 존재이다. 당신의 꿈이 다른 사람에게 도움을 주거나 기쁘게 한다는 사실을 깨닫게 되면 꿈의 실현을 향해 더욱 속력을 내게 될 것이다.

곰곰 생각해 보면 모든 성공은 꿈으로부터 시작됨을 알 수 있다. 끝내 성공하지 못하는 사람은 재능이 없는 사람도, 열정이 없는 사람도 아니다. 바로 꿈이 없는 사람이다. 하지만 꿈이 있는 사람은 행동부터 다르다. 꿈을 이루기 위하여 열심히 일한다. 꿈을 가지면 그만큼 꿈을 이룰 수 있기 때문이다.

그래서일까! 명확한 꿈이 있는 사람은 날마다 노력에 의하여 아주 조금씩이지만 그 꿈을 향해 한 걸음씩 전진한다. 그 꿈을 달성하기 위하여 절대로 시간을 헛되이 낭비하지 않도록 해야 한다.

무엇보다 지금 현재 무엇을 해야 하는지 명확하게 알기 때문에 자신의 에너지와 힘을 오로지 꿈을 달성하기 위한 것 하나에 쏟아붓는다. 그러한 차이로 인해, 결국 꿈을 가지고 있는 사람과 그렇지 못한 사람 사이에는 시간이 지나면 지날수록 간격이 크게 벌어지게 되는 것이다. 처마에서 떨어지는 평범하기 이를 데 없는 낙숫물이 바위를 뚫을 수 있는 것은 한 지점이라는 명확한 목표에 집중된 지속력 덕분에 가능한 것이다. 그 결과 우리는 재능이 평범할지라도 낙숫물이 바위를 뚫는 것과 같은 원리로 꿈을 달성할 수 있다. 꾸준함을 이길 그 어떤 재능도 이 세상에는 존재하지 않기 때문이다.

우리에게 명확한 인생의 목표가 없으면 아무리 좋은 행운이 넝쿨째 굴러들어 온다 해도, 그것은 순간 끝나게 되어 있다. 우연히 복권에 당첨된 사람이 1년 안에 비극적인 현실을 맞이하게 되는 것도 인생의 명확한 목표가 없었기 때문이다. 인생의 목표가 있는 사람은 절대로 복권에 당첨될 일이 없을 뿐더러 복권에 당첨 될 거라는 요행수도 바라지 않기 때문에 복권도 사지 않는다. 아니 복권에 관심이 없다는 말이 맞을 것이다. 복권은 어쩌면 인생의 꿈이 없는 사람이 관심을 갖는 전유물일지도 모른다.

우리가 인생을 살아가면서 단 한 가지 목표, 단 한 가지 목표에 대한 생각으로 가득차 있다면 불가능한 것처럼 보이는 일조차도 반드시 달성할 수 있다.

당신에게 명확한 꿈이 있는가? 10년 후 당신은 어떤 모습을 하고 있을까? 자신의 모습이 그려지지 않는다면 지금 당장 하던 일을 멈추고 자신의 인생을 모두 걸 수 있는 명확한 꿈부터 찾아야 한다. 내가 관심 갖는 분야, 좋아하는 분야, 평소 하고 싶었던 일 등에서 찾으면 된다.

"오랫동안 꿈을 그리는 사람은 마침내 그 꿈을 닮아간다"는 앙드레 말로(Andre Georges Malraux)의 말처럼 전망을 시각화하면 우리는 전망을 닮아가며 전망을 이룰 수 있다. 작은 꿈은 20~30년이면 얼마든지 이룰 수 있다. 하지만 큰 꿈은 1세대로는 부족하다. 대통령, 장군, 국회의원 등과 같은 큰 꿈을 이루기 위하여는 최소한 2~3세대의 세대 간 합작 기간이 필요하다. 그것도 조상의 삶이, 부모의 삶이 올발라야 가능하다. 그래야 하늘이 도와준다. 명문가를 만들기 위하여 가정 내 부모 중 하나는 꿈을 갖고 죽어라 공부해야 가능하다. 거기서부터 씨앗이 자라게 된다. 꿈은 그 꿈을 이루기 위하여 노력하는 과정이 아이 세대로 대물림된다. 부모가 큰 꿈을 가져야 아이가 큰 인물이 된다. 내가 꿈이 없이 올바른 삶을 살고 있지 않다면 아이의 큰 성공은 기대하지도 마라.

좋은 엄마 아빠가 되라

어떻게 하면 우리 아이를 똑똑한 아이로 키울 수 있을까? 좋은 부모가 되는 것이다. 이기적인 삶이 아니라 이타적인 삶을 살아가는 것이다. 아이가 어떻게 자라느냐는 부모 하기에 달려 있기 때문이다. 당연한 이야기이지만 부모는 아이보다 먼저 태어나 어른이 되었고, 결혼을 해 자식을 낳았다. 부모의 아주 사소한 습관이나 버릇이라도 어린 아이에게는 모방의 대상이 된다. 그러므로 좋은 것은 좋은 대로 또 나쁜 것은 나쁜 대로 고스란히 아이에게 전수되는 것이다. 가정에서 아이가 뭔가를 배워 가는 가장 자연스러운 방식이 바로 모방이다. 아이는 누구보다 부모를 더 많이 보고 관찰하고, 부모의 흉내를 내면서 자란다.

어른들이 하는 말 가운데 '어쩌면 지 애비 클 때와 똑같은 행동을 할까'가 있다. 이는 아이가 잘못을 저지르면 주위 사람들이 부모 흉을 보면서 흔히 하는 말이기도 하다. 누구나 아이의 모습이 부모의 뒷모습이라는 것을 안다. 옛말에 '자식은 부모의 뒷모습을 보고 자란다'가 있는데 맞는 소리이다. 자식은 부모의 절대적인 영향을 받고, 부모의 흉내를 내며 자란다. 그렇게도 싫었던 부모의 행동을 자신도 모르는 사이에 그대로 따라 하고 있다고 고백하는 사람이 많다. 부모가 연애결혼을 하면 아이도 연애결혼을 할 확률이 매우 높다. 아버지가 담배 피우면 아들도 따라서 피우게 된다. 질환까지도 유전된다는 것은 다 아는 사실이다. 암, 교통사고, 자살 등 죽는 것까지도 부모를 따라 하는 경우가 많다.

아이는 주변 어른의 감정을 그대로 흡수한다. 어른은 아이와 노는 걸 즐기고 기분이 좋을 때는 감정을 흡수해도 별 문제가 되지 않는다. 하지만 그렇지 않을 경우, 특히 어른이 자주 화를 낼 때는 문제가 심각하다. 아이는 감정적으로 매우 예민한 존재이기 때문에 부모의 표정이나 감정을 흡수해서 그대로 따라 하는 경향이 있다. 특히 부모가 화를 낼 때 감정이 가장 잘 전염된다. 몇몇 연구 결과에 따르면, 부모가 화내는 걸 보고 자란 아이는 나중에 다른 아이에 대해서 공격적이 되는 경우가 많다고 한다. 또한 서로 갈등이 심하고 부정적인 부모 밑에서 자란 아이는 그렇지 않은 가정의 아이보다 건강이 좋지 않고 문제아로 성장할 가능성이 아주 높은 것으로 나타났다.

부모의 갈등은 종종 그 에너지가 시간을 따라 흘러서 수십 년이 지나서까지 계속해서 영향을 끼친다. 오늘 무심코 내뱉은 말이 아이의 미래, 심지어 그 배우자와 후손에게까지 끼칠 영향을 생각해야 한다. 이 모든 것을 생각해 보면 부모는 항상 긍정적이고 희망을 북돋워 주는 말만 골라서 해야 할 의무가 있다.

'똑똑한 아이로 키우고 싶다면 부모부터 똑똑해질 것.' 이 말은 다음과 같이 바꿔 말할 수 있다. '제대로 된 아이를 바란다면 부모부터 제대로 되어 있어야 한다. 상냥한 아이가 되기 바란다면 부모부터 상냥해야 한다.' 따라서 아이가 공부 잘하기를 바란다면 부모부터 먼저 공부하면 된다.

그런데 부모가 가정에서 아이에게 흔히 하는 말은 '이제 그만 놀고 공부 좀 해라'이다. 그런데 공부하라는 말을 자주 들으면 공부하기가 더 싫어진다. "빗자루 잡으니까 마당 쓸라"고 한다는 속담이 있다. 마당을 쓸려고 하는데 시키니까 오히려 하기 싫어진다는 말이다. 공부도 마찬가지이다.

공부를 잘하는 학생을 보면 그 부모가 공부하라고 채근하는 걸 볼 수 없다. 공부를 열심히 하니까 공부하라는 말을 할 필요가 없는지 모르지만 공부하라는 말을 많이 듣는다고 공부에 열중하는 것은 아니다. 더구나 공부 좀 하라는 말을 자꾸 들으면 공부하기 싫은 역반응이 나타난다.

그렇기 때문에 무언가 알려 주고 싶다거나 고쳐 주고 싶은 게 있을 때는 '이것은 이래서 나쁜 것이니까 하면 안 되고, 저것은 저렇게 해야 한다'처럼 잔소리를 하거나 설교를 늘어놓는다고 해도 큰 효과는 없다. 비록 눈앞에서는 꾸중이나 잔소리가 무섭고 귀찮아서 그런 행동을 하지 않는 것처럼 보일지라도 부모가 안 보이는 곳에서는 계속 할 가능성이 아주 높다. 부모가 하루 종일 따라다닐 수 없지 않은가.

중요한 것은 평소 생활에서 부모가 아이에게 모범이 될 만한 모습을 자주 보여주면서 부모와 아이 사이에 확실한 유대 관계를 맺어가는 것이다. 그렇게 하다 보면 애써 가르치지 않아도 어느새 좋은 습관이 몸에 밴 아이로 자라게 된다.

승리한 영웅이든 패배한 영웅이든 그가 영웅이 될 수 있었던 까닭은 때와 장소, 사람의 도움이 조화를 이룬 것도 있지만 가장 중요한 것은 본인의 노력이다. 더 중요한 것은 좋은 부모가 있어야 가능하다. 본인의 노력할 수 있는 에너지는 부모로부터 물려받기 때문이다. 내가 말하는 좋은 부모란 반드시 출신이 고귀하거나 학식이 풍부하거나 돈이 많거나 직업이 반듯해야 한다는 뜻이 아니다. 다만 좋은 부모라면 반드시 아이를 올바르게 가르쳐야 하며,

말과 행동이 뒷받침 되는 언행일치 교육을 해야 한다. 베풀면서 살라, 다른 사람에게 폐 끼치지 마라, 거짓말 하지 마라, 사회에 꼭 필요한 사람이 되라, 공중도덕을 지켜라 등과 같은 교육을 강조해야 한다. 만약 아이에게 사람 됨됨이를 제대로 가르칠 수 있는 부모가 없다면 아무리 영웅이 될 씨이고 호걸이 될 태라 하더라도 진흙 속에 감춰진 진주처럼 평생 빛을 보기는 꿈도 꾸지 말아야 한다. 잘못하면 가정교육 부재로 인해 불량아로 전락하고, 결국 문제아로 될 가능성이 높다. 패륜아 뒤에는 반드시 패륜 행동을 한 부모가 있다는 것을 명심해야 한다.

그러나 좋은 부모(할아버지, 할머니)가 있다면 그 아이가 천재나 수재는 아니더라도 아주 평범하거나, 심지어는 이런저런 결점을 가졌다 하더라도 어느 순간 개과천선하여 새 사람이 될 수도 있다. 나이 들어 어느 날 갑자기 성공하는 것처럼 보이는 경우가 여기에 속한다. 한마디로 오랜 기간 방황의 늪에서 헤매다 벗어난 후 돌을 다듬었더니 금으로 변했다는 말이다.

부모는 아이의 첫 번째 선생님이라든가 가정은 학생의 제2의 교실이라는 말을 잘 알고 있을 것이다. 이렇듯 영웅은 그 부모와 밀접한 관계가 있음을 알고 행동해야 한다.

지혜 그리고 자비를 가르쳐라

부불삼대(富不三代)라는 말이 있다. 이 말을 풀어 보면 아무리 큰 부자도 삼대를 이어가기 어렵다는 의미이다. 먼저 할아버지 세대는 온갖 어려움을 극복하고 맨손으로 부를 일구어 냈다. 돈을 목적으로 살다 보니 인문학적 소양은 제로이다. 지식의 중요성을 전혀 모른다. 자식의 교육에 소홀할 수밖에 없다. 부모 세대는 할아버지 세대가 겪었던 뼈아픈 고통을 지켜보아 알기 때문에 돈을 낭비하지 않고 열심히 일한다. 부모는 자신이 고생했기 때문에 자식만은 고생시키지 않으려 한다. 풍족한 생활을 한다. 이에 반해 삼대째인 손자 손녀 세대는 태어날 때부터 유복한 환경으로 부족한 것을 모르고 자란다. 그들이 알고 있는 가난이란 고작 부모 세대로부터 전해들은 것일 뿐 자신이 살아가면서 직접 경험한 것이 아니다. 부모 세대도 가방끈이 짧아 삶의 이치를 제대로 교육시키지 못했다. 제대로 교육 받지 못했기 때문에 돈 귀한 줄 모르고 방탕한 생활을 하다가 재산을 탕진하는 수순을 밟게 될 것이다.

그런가 하면 달이 차면 기울 듯 물이 고이면 어떠한 방향으로든 터지게 되어 있다. 특히 돈을 중요시하고 가족밖에 모르는 구두쇠 씀씀이는 아이 앞날을 망친다. 돈에 관심이 있는 사람은 다른 부분에 소홀하게 되어 있다. 당연히 아이에 대한 투자에 인색하다. 돈이 아까워 아이 교육에 소홀하면 먼 훗날 후회하게 된다. 아이가 변변히 밥벌이를 못할 수도 있다. 나중에 돈을 많이 번다 해도 아이가 그 부를 오래 유지하지 못한다. 아이 지식이 좀 부족하여 부를 유지하는 방법을 배우지 못했기 때문이다.

부유한 집에서 태어난 아이는 부모로부터 원하는 것을 쉽게 얻을 수 있기 때문에 부족함을 모르고 자란다. 이들은 부모가 이 세상을 떠난 후에도 상속 재산 덕으로 얼마 동안 풍족한 생활을 할 수 있다. 하지만 어느 시점에서 유산이 바닥나면 돈 문제 때문에 곤경에 처하게 된다. 하지만 이렇게 자라난 이들은 돈이 없을 때 씀씀이를 줄이는 방법이나 지출 이상의 수입을 얻는 방법을 배우지 못했기 때문에 그러한 생활을 고통스러워 할 뿐 어떤 대책도 마련하지 못할 것이다.

충분한 돈을 갖는 것도 중요하지만 인생이 돈에 좌우되어서는 안 된다. 돈을 핵심 가치로 여기는 사람은 자신이 이룬 부를 지키지도 못하고, 다른 중요한 가치도 잃는 경우가 많다. 실제로 부자들의 80퍼센트 이상이 삼대째에 그 부를 잃는다. 부유한 사람은 돈으로 권력과 풍족함을 얻으려는 경우도 많이 있다. 하지만 돈으로 얻은 힘은 그 효과가 제한적이다.

따라서 당신이 부자라면 사랑하는 아이에게 재산이나 돈을 간단히 양도하지 말아야 한다. 오히려 올바른 방법으로 돈을 벌고, 그 돈을 운용하는 법을 먼저 가르쳐야 한다. 열심히 일해서 돈 버는 것의 중요성을 가르치지 않은 상태에서 재산과 돈을 물려준다면 그 아이는 눈 깜짝할 새에 모든 것을 탕진할지도 모른다. 스스로 벌어서 생활하는 방법을 모르는 상태에서 유산이 사라지면 그 다음은 속수무책이다.

건강하고 행복하게 오래 살려고 하는 것은 모든 사람의 소망이다. 그러기 위해서는 물질적인 것이든 성냄이든 어리석음이든 쌓아두지 말고 잘 내다 버려야 하는 도리를 알아야 한다. 여기서 부를 유지하는 방법에 대해 알아보자.

첫째, 지혜롭게 생각하고 현명하게 행동하라.

자식에게 재산을 물려주기보다는 인생을 슬기롭게 살아갈 수 있는 삶의 지혜를 전해 주는 편이 훨씬 낫다. 인문학적 소양 교육을 쌓아 삶의 이치 등 자립심을 길러야 하기 때문이다.

둘째, 편한 것만 찾는 습성을 버려라. 편한 것을 찾다 보면 배우는 기회가 줄어들게 된다. 지름길로 가면 당장은 편할지 몰라도 발전은 거기서 멈추게 된다. 그래서 일부러라도 어려운 길을 선택하는 것이 좋다. 언뜻 보기에 힘들어 보이고 위험 부담이 크고 성공해도 별다른 보상이 없어 보이는 일이 뜻밖에도 나를 발전시킬 전환 시점이 된다.

셋째, 자비를 베풀도록 하라. 우리 삶은 항상 상대적이다. 내가 많이 배려하고 베풀면 언젠가 나에게 그 베푼 만큼 반드시 돌아오게 되어 있다. 혹시 내게 돌아오지 않으면 자식들에게 돌아온다.

이런 이유로 돈은 모으는 것이 아니라 베푸는 것이다. 베푸는 업을 쌓아야 아이가 받아먹을 것이 많아 부귀영화를 누릴 수 있다. 『성경』에 "어리석은 자는 땅에다 재물을 쌓고 지혜로운 자는 하늘에 재물을 쌓는다"는 말이 바로 이 뜻일 것이다.

잔꾀를 부리지 마라

조직에서 성공하는 방법에는 크게 두 가지가 있다. 한 가지는 열심히 일을 해서 성공하는 것이다. 다른 하나는 편법이나 술책 등을 써서 성공하는 것이다. 이는 성과와 정치의 차이다. 중요한 것은 정치적이라고 표현할 수 있는 사람은 탁월한 업무처리와 생산성, 협동, 일관성에 대한 욕구 대신 성공하려는 욕망에 의해 지배된다는 사실이다. 그가 가진 어떤 가치관이나 능력도 야망 앞에서는 부차적일 뿐이다. 그럼에도 불구하고 그런 사람이 성공하는 것처럼 보일 때가 있지만 그런 성공은 일시적이다. 장기적으로는 훌륭한 협동과 깨끗한 양심을 가지고 성실하게 일하며 높은 생산성을 보이는 사람이 그에 맞는 보상을 받게 마련이다.

그렇다면 당신은 과거에 직장에서 권모술수를 부리며 정치적으로 행동한 적이 있는가? 다른 사람의 그러한 행동을 보면서 자신도 성공하려면 그래야 한다고 생각했을 수도 있다. 나에게 발전이 없고 능력이 남보다 탁월하지 않기 때문에 자신감이 없었을 수도 있다. 하지만 이유야 어찌됐든 정치적으로 행동했다면, 동료의 마음을 아프게 하고 믿음을 배신한 것만은 틀림없는 사실이다. 자질 없는 사람이 정치적인 작용으로 인해 지도자가 되면 지도자와 조직 구성원 모두 엄청난 스트레스를 각오해야 한다. 그게 국가 지도자라면 피해는 고스란히 국민에게 돌아간다. 다만 그 피해가 눈에 보이지 않아 인식을 하지 못한다는 것이 문제이다.

그렇다. 편법이나 권모술수 등 부당한 방법으로 이득을 취하지 마라. 누구나 자기만의 그릇을 갖고 태어난다. 큰 사발일 수도 있고 작은 종기가 될 수도 있다. 설령 작은 종기일지라도 이는 노력에 의하면 얼마든지 키울 수 있다.

그런데 직장인 가운데 간혹 일은 뒷전이고 정치로 승진하는 사람이 있다. 이들 가정을 보면 아이 때문에 골머리를 앓는 경우가 많다. 사업하는 사람도 마찬가지이다. 상대방을 속이거나 편법을 부리거나 어렵게 만들면서 돈을 버는 경우도 많다. 돈 앞에서는 체면이고 안면이고 없다. 오로지 이득만 있을 뿐이다. 정당한 방법이 아닌 것에 의한 승진이나 부의 획득은 자신의 그릇은 크게 키울 수 있겠지만 아이의 그릇은 그만큼 줄어들게 된다. 아부하는 사람의 특징은 자기만 알고 위만 바라본다는 점이다. 윗사람 한마디에 절절매면서 아랫사람을 힘들게 한다.

  지금도 직장 생활을 하고 있지만 실력 없는 상사와 일한다는 것이 무척 고통스럽다는 것을 자주 경험한다. 상사의 무능함은 결국 그 자식에게 상처로 돌아간다. 그래서 그 부는 오래 유지 되지 않을 뿐 아니라 자식 성공의 걸림돌이 되어 자식이 직장을 구하지 못하거나 제대로 밥벌이를 못하게 된다. 자식의 건강이 좋지 않은 경우도 이에 해당한다. 심지어 자녀가 갑자기 사망하기도 한다. 혹은 잘 나가던 회사가 갑자기 부도를 맞거나 사기당하기도 한다. 한순간의 사건 사고로 큰돈이 나가기도 한다. 사회적으로 크게 성공한 사람의 자식이 문제아가 많은데, 이면을 뜯어보면 이 경우에 속한다. 상대방을 가슴 아프게 한 이득은 자식에게 그 이상 대물림 되어 두세 배 커다란 대가를 치르게 된다. 본인의 노력에 의하여 능력을 인정받고, 땀 흘려 번 돈만이 자식에게까지 대물림되어 오랜 기간 동안 유지할 수 있다. 여기서도 부자 삼대 못 가는 이유를 찾을 수 있지 않을까?

삶의 지혜에 귀 기울여라

"어려울 때 친구가 진정한 친구다"라는 격언이 떠오른다. 이 말에는 평상시와 달리 어려울 때는 가장 가까이 지내던 친구조차도 관계가 달라진다는 뜻이 담겨 있다. 조직도 마찬가지이다. 평소에는 모두가 리더에게 충성을 맹세하지만 막상 위기가 닥치면 이야기는 달라진다. 평소 믿었던 사람들조차 자기의 살길을 찾아 배신하고 등을 돌리는 일이 다반사이다. 이럴 경우 여느 때에는 드러나지 않던 문제도 크게 터지는 법이다. 가령 회사에 중대한 사건이 발생하고 비상사태가 일어났다고 해보자. 화재나 거래선의 도산, 횡령 사건, 회사를 빼앗기거나 국세청의 사찰 등이 그것인데, 이때가 사람들의 진면목을 간파할 수 있는 절호의 기회이다. 대부분 변명이나 책임을 회피하려 안간힘을 쓴다. 책임은커녕 상대방에게, 즉 상사는 부하에게 부하는 상사에게 서로 떠넘기기도 한다. 반면 전적으로 책임을 지겠다고 나서는 자가 있다면 그 사람은 장차 크게 될 것이다.

실제로 사원들에게 경영 위기를 전달하면 그 위기감을 공유해 주기 어려울 것이다. 불안감 또한 커질 것이다. 그럼에도 불구하고 실제로 부도에 몰린 회사의 대표가 사원들에게 "우리가 단결하지 않으면 1년을 버티기 힘들다"고 솔직히 고백하고 고통 분담 차원에서 급여를 삭감하기로 함과 동시에 회사의 향후 경영방침을 설명한 경우가 있었다. 그러자 많은 직원이 다른 회사를 알아보고 있었다. 그리고 사원 중의 반은 사직서를 제출하고 회사를 떠났다. 하지만 사장의 솔직한 고백에 공감한 사원은 회사에 남아 휴일을 반납하고 적극적으로 업무에 참여했고, 고통 분담 차원에서 자신들의 급여를 자진하여 삭감하고, 지역 사회의 어려운 일에 동참의 손길을 내보이자 회사는 서서히 회복세를 보였다. 그리하여 지금에 와서는 고품질 기술력을 바탕으로 그 이전에 어려웠던 때보다도 훨씬 좋은 실적을 올리고 있다. 직원들의 대우도 훨씬 좋아졌다. 사장도 그때를, 위기감에 처한 상황을 사원에게 설명한 것이 떠날 사람과 남을 사람을 구별함으로써 사원들의 옥석을 가리는 기회였고, 오히려 회사의 위기 극복에는 좋은 기회가 되었다고 회상한다.

살펴본 바와 같이 위기를 극복한 사람이 위기 이전보다 강해지듯이 조직도 마찬가지이다. 조직이 위기에 처하면 유능하고 충성스러운 사람이 두각을 나타내고, 불필요한 겉치레가 사라진다. 위기 자체는 피할 수 없으나 위기를 극복하는 과정에서 조직과 리더의 내공이 드러난다. 사업가의 한쪽 팔이 된다는 것은 이런 인물이 되지 않으면 안 된다.

도망치거나 사직하는 자가 있으면 사직시켜라. 결코 잡지 마라. 그리고 책임을 회피하거나 큰소리로 떠벌리는 사람을 경계하라. 화려한 언변이나 미사여구, 아름답게 가꾼 미모 등 이 세상에 무엇인가 화려한 것일수록 뒤에 숨긴 것이 많다. 품고 있는 독이 엄청나다.

그렇다. 아무리 쉬운 일처럼 보여도 경험해 보지 않으면 잘 모른다. 어떤 일이든 재미있는 면이 있는가 하면 분명히 따분한 면도 있다. 눈에 보이지 않는 부분이 더 많다는 의미이다. 결과적으로 눈앞에 있는 일을 운명으로 받아들이고 최선을 다하면 반드시 그에 상응하는 길이 열리기 마련이다.

비껴간 보색이 더 아름답다

우리는 누구나 운명을 짊어지고 살아간다. 부모나 형제를 선택할 수도 없고 능력과 용모 역시 타고난다. 시대 또한 마찬가지이다. 이들은 모두 우리에게 주어진 조건이다. 따라서 이들을 받아들이고 살아갈 수밖에 없다. 만남 역시 그렇다. 이 세상에는 수많은 사람이 살고 있다. 그 중에서 우리가 어떤 사람과 만날지 모두를 마음대로 조정할 수 없다. 만남의 배경에는 무수한 우연의 연속이 있고, 뭔가에 이끌리듯 만남을 되풀이하고 있다. 누구와 친구가 되고 누구와 결혼할지, 이것 역시 운명 아니겠는가?

일 역시 마찬가지이다. 당신은 수많은 회사 중에서 지금 근무하는 회사를 만날 운명이었으며, 회사를 둘러싼 복잡한 역학 작용으로 특정 부서에 배치 받고 함께 일할 상사와 부하, 거래처 역시 정해졌다. 거기에 당신의 의지가 개입될 여지는 거의 없다고 봐야 한다. 그저 이들을 받아들일 수밖에 없다. 다만 운명 속에서 좀 더 나아지게끔 노력은 할 수 있다. 당신에게 주어진 재능은 바뀌지 않겠지만, 좋은 습관으로 재능의 한계를 뛰어넘을 수 있다. 상사의 인간성 역시 바꿀 수 없지만, 당신이 적절하게 대화를 시도한다면 반드시 노력한 만큼 인간관계를 쌓을 수 있다. 원하지 않는 직책으로 발령이 났어도 포기하지 않고 계속 노력한다면 언젠가 당신을 높게 평가하는 사람이 나타날 것이다.

운명은 때론 세찬 바람으로 당신을 쓰러뜨리려 하겠지만, 이를 받아들이고 그 안에서 노력하겠다는 각오를 잊지 않기 바란다. 즉 운명을 겸허히 받아들이고 그 안에서 노력하라. 열심히 했는데 결과가 없을 수도 있다. 그래도 열심히 하지 않으면 아무것도 얻을 수 없다.

그런 의미에서 한직이 바로 또 다른 기회가 될 수 있다. 자기 시간이 많다는 점이다. 이 시간만 제대로 활용한다면 공부, 독서, 자기계발 등 한 분야의 획을 그을 수 있는 획기적인 성과를 이룰 수 있다. 직장에서는 어느 부서에 근무하든 모두가 지켜본다, 쓸 만한 사람인지 대충 시간만 때우는지를. 혹여 그늘진 부서에서 노력하는 모습도, 자신의 노력을 인정받지 못할 때에도 누군가는 항상 지켜보고 있다. 자신이 있는 자리에서 불평불만 없이 최선을 다한다면 인정해 주는 사람이 반드시 나타난다. 사람이 지켜보지 않는다면 신이 지켜보게 되어 있다. 신이 지켜본 결과는 먼 훗날 운으로 둔갑하여 행운을 가져다준다. 다만 조금 시간이 걸릴 뿐이다. 결과를 내면 분명히 어떤 방법으로든 보답이 있다. 세상은 그렇게 생각만큼 모질지 않기 때문이다. 인생은 종국에 가서는 과거 노력의 대가로 인해 행복결말로 끝나게 되어 있다.

그래서일까! 노력하는 사람, 분발하는 사람이 끝까지 불운한 경우는 거의 없다. 뜻을 세우고 주변 사람을 소중히 하는 그 모습을 지켜보는 이가 꼭 있는 법이다. 그래서 부서가 좋고 나쁨에 일희일우(一喜一憂)할 필요가 없다.

오히려 많은 사람이 기피하는 부서에서 일하는 것을 기회로 여겨라. 조선시대 최고의 유학자로 알려진 정약용은 유배지에서 500여 권의 저술을 남겼고, 사마천은 궁형을 당한 후 『사기』라는 불후의 명저를 남겼고, 베토벤(Beethoven, Ludwig van)은 청각을 잃은 후 불멸의 교향곡을 작곡했고, 밀턴(Milton, John)은 시력을 잃은 후 명저인 『실낙원』을 저술하였듯이 불평불만으로 하늘을 원망하거나 자신을 학대하는 대신 역발상으로 활용했다.

나도 한때는 중요 부서에서 근무를 한 바 있다. 그러나 한직에 근무하면서부터 1년에 200여 권 가까이 책을 읽고 있다. 주말에도 하루 종일 도서관에서 책을 읽으며 공부한 결과 지금은 지식의 충만감으로 만족한 생활을 하고 있다.

가장 위험한 순간은 순풍에 돛 단 듯 잘나갈 때임을 알라, 자신을 과대평가하고 우쭐할 위험이 있으니까. 운이 좋지 않을 때, 시기가 좋지 않다고 느껴질 때는 주류에서 조금 벗어난 길을 걷는 것이 가장 좋다. 잘 자라 우뚝 선 나무가 제일 먼저 재목으로 쓰인다. 시기적으로 불행이 겹칠 때는 한직에서 납작 엎드려 때를 기다리는 방법도 좋다. 한파가 몰아치는 곳이야말로 자신을 가장 강하게 만들어 주는 곳임을 잊지 마라.

자기 자리에 최선을 다하라

　　주위의 성공한 사람을 보라. 혼자만의 능력으로 최고의 자리에 올라선 사람은 없다. 그 사람 곁에는 항상 지지하고 이끌어 주는 상사가 있었다. 윗사람이 경험으로 체득한 지혜를 전수받고, 그들의 인맥 또한 활용할 수 있는 기회를 얻는다.

　과연 그들이 운이 좋아서 그런 기회를 얻은 것일까? 그들의 일거수일투족을 들여다보라. 결코 그렇지 않다. 그들은 상사의 마음을 얻기 위해 엄청난 시간과 노력을 투자했다. 대부분의 직장인은 상사의 마음을 움직이기 위해 노력하는 것을 아부나 정치로 오해하기도 한다. 그런 사람도 없지는 않다. 하지만 이 역시 개인의 능력이나 자질만큼 조직생활에 있어 매우 중요하다. 만약 지금이라도 조직에서 당신의 능력을 보여주고 싶다면 먼저 상사의 지지와 응원을 받아야 한다.

그런데 우리는 상사를 대하는 공부를 그동안 제대로 배우지 못했다. 예의범절을 잘 지켜야 한다, 상사에게 인사 잘하고 말대답하지 마라 등 도덕 시간에나 배웠을 법한 원칙만 알고 있을 뿐이다. 또 직장 생활에서 상사는 많은 과제를 그것도 무리한 지시도 서슴없이 하는 부담스러운 존재로 인식되어 왔다. 그런 선입견으로 인해 부하 직원은 으레 방어적이고 수동적으로 상사를 대하게 된다.

그렇다면 주변에서 상사의 총애를 받고 있는 동료를 보라. 관계란 일방적인 것이 아니다. 상하 관계는 더더욱 아니다. 상사를 불신하고 따르지 않는 부하 직원과 예우를 하고, 진심으로 존중해 주는 부하 직원 중 누구를 택할지는 뻔하다. 전자의 경우라면 상사를 탓할 것이 아니라 자신의 태도를 먼저 점검해 봐야 한다. 어떻게 처신하느냐에 따라 상사는 당신을 이끌어 줄 수도, 내칠 수도 있다.

당신은 이런 사실을 아는가? 글로벌 기업의 최고 경영자는 모두 한때 누군가의 부하에서부터 출발하여 최고의 위치에 오르게 된 것이다. 그렇다. 최고 경영자는 최고의 부하에서 출발한 것이다. 그들은 발탁되기 위해 밤낮없이 뛰었고, 별의별 까다로운 무수한 상사를 보좌하며 청춘을 바친 경우이다. 따라서 지금 당신이 당신의 직속 상사에게 충성을 다하는 것은 미래를 향한 힘찬 진군의 발걸음을 내딛는 것이지 결코 아부나 복종이 아니라는 사실을 명심하라. 나아가 세계 최고의 경영자도 자신의 뜻을 펼치기 위해 일인자의 개인 심부름도 마다하지 않는 완벽한 비서였다. 비서실 출신이 출세하고 승진이 빠른 이유가 여기에 있다. 하물며 평사원 시절에는 더하면 더했지 덜하진 않았다.

자, 당신이라면 어찌하겠는가? 당신은 지금 상사의 마음에 들기 위해, 아부하기 위해 당신 상사에게 허리를 굽히고 있는 것이 아니다. 당신이 진정 펼치고 싶은 뜻을 더 원대한 세상으로 이동시켜 나아가기 위해 지금 있는 곳에서 최선의 날갯짓을 하고 있는 것이다. 세계 최고의 전문가가 되겠다는 꿈을 가진 사람은 많지만 세계 최고의 부하가 되겠다고 결심하는 사람은 많지 않다. 하지만 앞에서 말했듯이 최고의 전문가는 최고의 부하 속에서 탄생하는 법이다.

많은 리더가 공통적으로 꿈꾸는 게 있다. 바로 밑의 사람이 언제나 내 뜻대로 움직여주는 거다. 리더의 생각을 미리 읽고 먼저 움직이는 아랫사람이 있다면 정말 좋다. 이보다 더 만족스러운 조직은 없다. 하지만 쉬운 일은 아니다. 그렇다면 당신이 아랫사람으로 일할 때 상사의 마음을 읽고 알아서 먼저 움직여 주었는가

묻고 싶다. 아마 90퍼센트 이상이 아닐 것이다. 먼저 움직이기는 커녕 지시를 해도 못 알아들을 때가 많았을 것이다.

내가 만난 성공한 리더의 이야기를 들어 보면, 대부분 입사 초년 시절부터 최고의 부하로 시작하여 탁월한 능력을 인정받은 유능한 부하였다. 따라서 상사의 수족이 되어 주는 것을 결코 씁쓸해하지 마라. 당신이 허리를 굽히면 굽힐수록 당신의 뜻은 더욱더 영글어 간다는 사실을 명심하기 바란다.

자, 만약 당신이 상사라면 어떤 부하를 좋아하겠는가. 당신이 CEO라면 어떤 부하를 승진시키겠는가? 사람 마음은 똑같다.

뻔한 사실 아닌가?

참는 자에게 복이 온다

 직장 생활을 하면서 기대 이상의 훌륭한 상사를 만나는가 하면 자기밖에 모름은 물론 무능한 경우도 많다.

또한 부하 직원 앞에서 안하무인처럼 행동하다가 윗사람 앞에서는 갑자기 비굴하게 바뀌는 상사의 모습도 볼 수 있을 테고, 자기가 지시를 해놓고 상황이 바뀌면 언제 그랬느냐며 발뺌하는 경우도 있을 수 있다. 뿐만 아니라 정말로 입에 담지 못할 정도로 어려운 상사를 만날 수도 있다. 일은 뒷전이고 윗사람 말에 따라 이리저리 바람 부는 대로 움직이는 사람, 펜은 잡지 않고 입으로만 하는 사람, 기획 문서 토씨만 가지고 까탈스럽게 구는 상사 등 그 유형이 천차만별일 것이다.

혹시 지금 '저 상사는 무리한 일만 시키고 상냥함이라곤 전혀 찾아볼 수가 없어. 실력도 쥐뿔 없는 사람이 어떻게 승진했을까? 일은 뒷전이고 아부에 전념하는 정말 형편없는 사람이야'라고 생각하고 있지 않은가? 만약 그렇다면 그 상황마저도 마음을 잘 다스리고 강화할 수 있는 절호의 기회로 활용해 보라. 그렇게 함으로써 힘든 상황을 정반대의 상황으로 바꾸어 갈 수 있다. 30년 이상 직장 생활을 하다 보면 별의별 상사를 다 만난다. 상사로부터 받는 스트레스는 말로 표현할 수 없을 정도이다. 정말로 사표를 쓰고 싶을 때가 한두 번이 아닐 것이다. 직장에 출근하기 싫을 때도 많다.

전술한 경우에 해당하는 상사를 만날 때마다 나는 인내력을 기르는 수련의 과정이라 생각하면서 굳세게 버텼다. 그리고 여기서 버티지 못하면 그 어디에서도 큰일을 할 수 없다는 신념으로 견뎌냈다.

따라서 불친절한 상사에게는 계속해서 상냥하게 대하고, 경의를 표하라. 그리고 너무 상처 받지 마라. 그냥 가볍게 넘겨라. 상처 받으면 나만 손해이다. 사실 시간이 좀 필요하겠지만 나의 모범적인 태도를 보고 그 상사는 자신이 잘못된 행위를 하고 있음을 간접적으로 깨닫게 될 것이다.

따라서 나의 마음에 들지 않는 상사를 만나는 경우 자신이 좋은 상사가 되는 데 도움이 될 것이라고 말하고 싶다. 까닭은 끔찍한 상사에게 시달리는 과정에서 앞으로 상사나 동료 또는 다른 직원의 공격을 막아 낼 수 있는 다양한 방어 무기를 갖출 수 있기 때문이다. 그리고 자신이 책임자가 되었을 때 피해야 할 행동이 무엇인지 분명히 알기 때문이다. 게다가 눈치 보는 방법도 터득하게 된다.

요컨대 상사의 요구가 아무리 짜증스럽더라도 이를 악물고 웃는 얼굴로 참으면서 응대하다 보면 융통성과 적응력을 계발하고 연마할 수 있어 어떤 새로운 어려움이 닥쳐도 견딜 수 있는 힘을 기르게 된다. 이처럼 불편한 상사와 같이 근무하게 되면 괴롭겠지만 반대로 생각해 보면 의외로 좋은 경험이 되어 주기도 한다. 즉 직장 생활 초창기에 받은 혹독한 훈련은 이후 회사생활에 큰 밑거름이 된다. 생각하기에 따라 실력 있는 선배 밑에서 눈물 쏙 빠지게 야단맞으면서 훈련받는 기회를 갖는 것이니 그만큼 행복한 일은 없다.

따라서 저마다 처한 상황은 좀 다르겠지만 지금 불편한 상사와 일하고 있다면 사람이 다르다는 것을 멋지게 인정할 것을 권하고 싶다. 나이가 많다고 모두 어른이 아니다. 직급이 높다고 모두 상사가 아니다. 진정한 상사나 어른은 다 담을 수 있는 아주 큰 그릇이어야 한다. 바닷물이 모든 물을 받아들이듯 마음이 유연해야 벌어지는 상황을 다 받아들일 수 있다.

바다가 바다가 되고, 태산이 태산이 될 수 있는 이치는 그것이 좋은 것이든 나쁜 것이든, 그것이 성공이든 실패이든, 그것이 귀한 것이든 천한 것이든 가리지 않고 다 받아들여서 자신의 성장에 보탤 줄 알았기 때문이다. 결국 모두를 받아들일 수 있는 큰마음이어야 아이가 훌륭하게 자란다.

인생을 좀 더 사랑스럽게 바라보라

사람은 몸 안에 있는 것이 몸 밖으로 그대로 나오게 되어 있다. 몸 안에 달콤한 과일이 들어 있으면 풍성한 과즙이 나와 사람의 몸을 이롭게 하고 가시와 엉겅퀴가 들어 있으면 말할 때마다 가시가 나와 사람을 찌른다. 또한 사랑이 있으면 사랑이 나오고 미움이 있으면 미움이 나온다. 따라서 화를 낸다는 것은 자신의 몸속에 악의 씨앗을 키우고 있는 것이라 할 수 있다.

자신도 모르게 우발적으로 표출한 화는 뒷감당이 안 될 뿐더러 마음 한 구석에 후회만 남긴다. 억제할 수 없는 무분별한 화로 인해 좋았던 관계가 종종 한순간에 틀어지기 때문이다. 우리가 화를 잘 내지 않는 사람이 되어야 하는 이유는 이렇게 후회하지 않기 위해서만이 아니다. 이보다 더 중요한 이유가 있다. 그것은 바로 화내는 행동은 자신이 어리석다는 것을 만천하에 드러내는 것과 다를 바 없기 때문이다. 빈 수레가 요란하듯 사람도 이와 다르지 않다. 자기 마음에 충실한 사람은 떠벌리지 않는다. 남의 일에 유난히 관심이 많은 사람, 남의 허물을 보는 사람, 이들은 대부분 스스로의 마음가짐이 부실한 사람이다.

그런 까닭에서인지 자신의 내면에 깊은 생각과 신념이 있고 내공이 쌓인 사람일수록, 웬만한 일은 웃어넘기는 여유를 볼 수 있다. 자신의 내면에 힘이 없고 아무것도 없는 껍데기와 같은 사람일수록, 보다 덜 성숙된 사람일수록, 이기적인 사람일수록 사소한 일에도 화를 내고 분노를 표출한다. 요컨대 작은 일에 화를 잘 내면 낼수록 자신의 존재감과 영향력은 더 약해진다는 사실을 명심하라. 두렵고 자신이 없는 개일수록 더 크게 더 많이 짖는 법이다. 사람도 이와 같다. 따라서 화를 내는 대신 좀 더 자신의 내면에 집중하라.

일반적으로 사람은 화를 냄으로써 자신의 약함을 행동으로 드러내는 일종의 보상심리를 가지고 있다. 즉 화를 자주 내고, 큰 소리를 잘 치는 사람일수록 마음이 연약할 수 있다. 정말이지 강한 사람은 쉽게 화내지 않으며 어떤 일이든 조용히, 생색내지 않고 그리고 냉정하게 원칙적으로 대응한다. 로마의 철학자이며 정치가였던 세네카(Seneca, Lucius Annaeus)는 이러한 사실을 정확하게 알고 있었다.

"분노하는 사람의 행동은 모두 그 사람의 약점과 어리석음을 표시하는 것이다. 분노는 강한 마음의 표현이 아니라, 그와 반대로 두려워하는 자기 방어적인 약한 마음의 표현인 것이다."

나이를 먹어가면서 느끼는 것 중의 하나가 내 맘에 드는 것만이 옳은 것이 아니라는 사실이다. 그러기에 눈높이를 낮추어라. 모든 불만족이 만족으로 바뀐다. 아내, 자식, 형제, 동료 등 모든 사람은 각자 그들의 수준과 위치에서 나름대로 최선을 다하고 있다. 단지 내 기준에 안 맞고 내 맘에 안 들 뿐이다. 내 맘에 드는 것이 반드시 옳고 좋은 것만은 아니다. 꾸짖거나 노할 필요도 없다. 내 눈에는 안 차고 불만스러워도 그들은 만족하고 있다. 그들이 좋다는데 굳이 안달복달할 필요가 있을까? 그것은 그들을 위함이 아니라 아마 나를 만족시키기 위한 이기적인 마음일 것이다. 나를 만족시키기 위하여 나에게 스트레스만 남긴다.

아이 교육에서나 직장에서의 부하 지도에 있어서나 이 점을 잊지 말아야 한다. 사람이든 사물이든 흠 없는 것 찾지 마라. 흠이 없다면 벌써 부자가 되고 크게 성공해서 내 곁에 없게 될 것이다. 흠 있는 것이기에 내 차지가 되었고 내 곁에 있게 된 것이다. 왜 화내고 질책하는가? 말로는 상대를 위한다고 하지만 정작 당사자는 아무런 고마움도 느끼지 못한다. 오히려 상처만 주는 경우가 많다. 감정적으로 버럭 내지른 말 한마디가 공든 탑을 허물고 소중한 사람을 떠나보내는 빌미를 제공하게 된다.

화도 아이에게 그대로 전달되어 성공의 걸림돌로 작용하게 된다는 사실을 안다면 화를 내지 않을 것이다. 참는 것이 능력이고 힘 있는 자이다. 줏대가 강하면 참고 견딜 수 있다. 열심히 살라. 열심히 일하는 사람은 절대로 화 내지 않는다. 화와 노여움은 능력이 부족한 사람이, 마음이 허전한 사람이 밖으로 표출하는 전유물이다. 몸과 마음을 강하고 참되게 하는 것이 최고의 힘이다. 이 힘만이 노여움과 화냄을 잠재울 수 있다.

화도 긍정적으로 받아들일 필요가 있다. 어찌 보면 남이 나를 비판하는 것은 그만큼 관심이 있기 때문이다. 나에게 관심이 없는 사람은 절대 비판하지 않는다. 그러므로 우리도 다른 사람의 비판에 위축되지 말고 '나를 지켜보고 있구나' 하고 긍정적으로 받아들여라. 나에 대한 관심이 없다면 비판조차 하지 않을 것이다. 남의 비난을 받으면 오히려 고맙다고 인사를 해야 한다. 곧 '나에게 듣기 좋은 말을 하는 친구는 나에게 적이 되고, 나에게 듣기 싫은 말을 하는 사람이 바로 내 스승'이란 말이 있다. 이렇듯 귀에 듣기 좋은 말이 반드시 정말로 좋은 것만은 아니다. '입에 쓴 게 약이란' 말도 이와 서로 통한다.

흔들리지 말고 꽃을 피워라

우리는 인생을 바라보는 시각을 좀 더 사랑스럽게, 가볍게 해야 할 필요가 있다. 살다 보면 신이 아닌 이상 누구나 실수를 하고 잘못을 한다. 실수가 없고 잘못이 없는 사람은 절대로 있을 수 없다. 그렇기 때문에 우리는 타인의 잘못을 함부로 비난하거나 비방해서는 안 된다. 그리고 이와 마찬가지로 누군가 나를 비난하고 비방했다 하더라도 너무 심각하게 충격을 받거나 휘둘려서는 안 된다. 누군가가 당신을 비난하고 비방한다면 겸허하게 그것을 받아들여 나를 개선하고 그런 일을 반복하지 않는 것이 가장 현명하다.

실제로 주위에서 타인의 비난이나 비방에 너무 집중한 나머지 그 사람에 대한 증오심으로 인해 자신의 모든 에너지와 힘을 낭비하는 사람을 본 적이 있다. 스트레스를 받아 건강까지 해친 경우도 있었다.

비방하고 화를 낸다는 것은 삶에 저항한다는 것이다. 그런데 삶은 얄궂어 저항하면 할수록 일은 꼬이고, 대상은 나이기에 더욱더 반발하게 된다. 가정에서도 문제가 꼬리를 물고 일어나는데, 화를 내면 대부분 일을 그르치게 되는 이유이다. 그리고 우리가 화를 낸다는 것은 우리로 하여금 화나게 하는 그 대상에 영향을 받았다는 것을 의미한다. 그렇기 때문에 그것에 저항하지 않는 방법은 화를 내지 않는 것이다. 이렇듯 삶에 저항하지 않고 화를 내지 않는 일도 중요하지만 그것에 앞서 지금 이 순간에 집중하는 것이다. 오직 현재에 집중하는 사람은 화를 내지 않는다. 화도 집중을 하지 못하는 미성숙한 사람만이 내는 전유물이기 때문이다.

만일 지금 자신의 위치에 불만이 있다면 일을 열심히 하고 있지 않다는 증거이다. 열심히 일하는 사람은 절대로 불만이 있을 수 없다. 아니 불만을 토로할 시간이 없다고 하는 것이 더 맞다. 그러므로 가장 먼저 해야 할 일은 마음을 고쳐먹고 일에 성실히 임하는 것이다.

인격이 성숙한 사람은 문제의 원인에서 해답까지 늘 나에게서 찾는다. 반면 미성숙한 사람은 문제의 원인을 항상 상대방 탓으로 돌린다. 직장 생활이 순조롭지 않을 때, 화가 날 때 내가 구성원으로서 역할을 제대로 하는지, 상사로서 통솔력이 부족한 것은 아닌지 늘 나를 돌아보고 확인한다. 사업이 잘 되지 않을 때, 고객이 원하는 제품과 서비스를 제대로 제공하고 있는지 나를 돌아본다. 가정에서도 남편으로서, 아내로서, 부모로서 내가 잘하고 있는지 나를 먼저 돌아본다. 화내는 원인도 자신한테서 찾는다.

부부가 다투는 상황을 보라. 다투는 이유는 대부분 문제의 원인을 상대방에게서 찾기 때문이다. 그래서 싸움이 점점 커지고 부부 관계가 꼬이게 된다. 남편이나 아내 중 한 명이라도 문제의 원인을 나에게서 찾고 답도 나에게서 찾으면 부부싸움이 크게 번질 가능성은 거의 없다. 지는 것이 이기는 것이다. 화를 내거나 남을 비난하거나 불평불만이 가득한 것은 모두 정신적으로 미성숙하다는 것을 뜻한다.

남에게서 구하는 사람과 나에게서 구하는 사람은 그 결과가 완전히 달라진다. 남에게서 구하면 늘 열 받고 원망할 일만 생긴다. 하지만 나에게서 찾으면 문제는 쉽게 풀리고 원망하는 마음 대신 늘 고마워하는 마음이 생긴다. 그래서 하는 일마다 술술 잘 풀린다. 나에게서 구한 결과 고마움과 성공의 선순환이 일어나게 되는 것이다.

창의적이고, 생산적이고, 행복한 사람은 절대로 타인을 탓하지도 않고, 절대 타인의 비난이나 비방에도 휘둘리지 않는다. 타인의 비난이나 비방에 휘둘리는 것은 마치 개가 짖는다고 개에게 앙갚음을 하는 것과 같다. 이제 좀 더 대범한 사람이 되라. 타인의 말 한마디에 노발대발하지 말고, 어떠한 말에도 흔들리지 않는 중심을 잡고 살아가는 뿌리 깊은 사람이 되라. 내가 뿌리 깊어야 아이도 뿌리 깊은 사람이 될 수 있다.

다시 말하지만 모든 것은 뿌린 만큼 거두고, 운명은 우리가 저지른 죄 값을 반드시 받는다. 사필귀정이라는 말처럼 정의가 항상 승리한다. 즉 정의롭게 사는 것이 최후의 승리자가 되는 길이다.

바위에 달걀 부딪치지 마라

요즈음 각종 스펙(specification)으로 무장하고 영어와 컴퓨터에 능통한 신입 사원 중에는 상사를 한심하게 생각하는 경우가 있다. 디지털(digital) 환경에 적응하지 못하는 모습이라도 보이면 무능한 사람으로 취급한다. 과연 그렇게 판단해도 될까?

사실 그도 과거 신입 사원 시절에는 당신이 지금 당신의 상사를 바라보는 부정적인 시선과 똑같았다고나 할까. 이때 간과해서는 안 되는 것이 있다. 무엇인가 부족하다고 여겨지는 그 상사는 당신이 걷고 있는 그 길을 모두 거쳐서 지금의 자리에 있게 된 것이다. 그도 한때 머리도 명석하고 손놀림도 빨랐다. 그런 그가 지금은 세월 탓에 손은 좀 둔할지 모른다. 하지만 엄청난 업무 비법과 직장 생활의 지혜를 축적하고 있다는 점이다. 그래서 부하 직원의 일거수일투족을 감시하고 있다. 기본이 제대로 된 직원인지, 능력은 있는데 일을 회피하는 직원인지, 일 잘하고 열심히 배우려는 직원인지, 일은 못하지만 성실히 근무하는 직원인지, 일은 잘하는데 적극적이지 않은 직원인지, 일도 못하면서 열심히 일하지 않는 직원인지를 정확하게 가려낸다. 장차 성공할 가능성이 있는 직원도 찾아낸다는 점을 기억해야 한다.

사실 그가 시간을 들여 쌓은 경험의 힘은 대단하다. 때문에 산전수전 공중전까지 거쳐 지혜를 쌓은 상사와 유대관계를 돈독히 하고, 그의 지혜를 전수받아 내 것으로 만들어야 한다. 지름길은 없지만, 각종 비결이 담긴 조언을 듣고 길을 가는 것과 그렇지 않고 무작정 가는 것은 천지 차이가 난다. 요령이나 꼼수 부리지 않고 상사와의 관계에서 차곡차곡 자신만의 경쟁력을 키우는 끈기가 필요하다.

이때 절대 상사를 변화시키려 하지 마라. 있는 그대로 받아들여라. 사람은 쉽게 변하지 않는 속성을 가지고 있다. 자신을 생각해 보라. 나는 현재 변하고 있는가? 담배, 음주 등 나의 나쁜 습관을 고치려 하는가? 특히 나이를 먹을수록, 과거에 성공 경험이 있을수록, 남자일수록 변하기 어렵다. 직장 상사는 나름대로 성공 경험을 가지고 있다. 대기업일수록, 직위가 높을수록 성공 경험이 많다. 이러한 상사를 부하 직원이 변화시키기는 매우 어려운 법이다. 또한 상사에게 쉽게 실망하거나 지나친 기대를 걸지 않는 것이 좋다. 상사는 자신의 업무만으로도 벅찰 만큼 바쁘고 스트레스를 받는 사람이다. 당신이 당신 자신의 일로 머리가 터져 나갈 것 같이 스트레스를 받는다고 느낀다면 당신의 상사는 당신보다 더 많은 책임을 지고 있기 때문에 당연히 당신보다 더 많은 스트레스를 받고 있다고 생각해야 한다. 따라서 부하의 마음을 일일이 헤아리기 어렵다는 것을 이해해야 한다. 이때 당신이 지혜롭다면 상사의 유형을 분석하여 그에 맞는 적절한 업무 태도를 익히고 냉정하고 객관적으로 업무 전체의 맥락을 이해하려 노력하는 편이 훨씬 효과적이다.

고객은 상품이 자신에게 맞춰 주기를 바라지 자신의 입맛을 바꾸지는 않는다. 상사도 부하 직원에 맞춰 자신을 변화시키지 않는다. 부하 직원인 당신이 직장에 존재하는 한 상사는 언제나 옳다. 이 원칙은 절대 불변한다. 당신이 부하 직원인 이상 상사의 의견은 언제나 최우선으로 존중되어야 한다. 그리고 그런 상사를 위해 부하 직원인 당신은 많은 것을 배려해야 한다. 또한 직장 상사를 있는 그대로 받아들이고 그에게 적응하고자 노력하라. 상사의 문제는 고쳐야 할 문제가 아니라 내가 받아들여야 할 나의 문제이다. 이를 해결하기 위해서는 결국 나를 바꿔야 한다. 당신보다 인생 경험이 많은 상사를 변화시키기란 배우자를 변화시키는 것보다 훨씬 더 어려운 일임을 기억하도록 하라. 그렇다고 상사와 다투지 마라. 상사와의 의견에 이의를 제기하고 이기려는 자는 직장을 잃을 수 있다. 우리 주변에서 쓸데없는 언쟁으로 객기와 허세로 인해 직장을 잃고 가정을 잃는 경우를 볼 수 있다. 상사와의 불필요한 다툼에서 져주고 모르는 척하는 것이 싸우지 않고 이기는 최선의 전략이다. 가정이나 조직에서 타인의 성격을 바꾸려는 시도는 무모한 짓이고, 그 때문에 인간관계만 해친다. 타인의 성격을 바꾸려는 헛된 시도는 하지 마라. 차라리 내가 바뀌는 편이 훨씬 이득이다.

주인 의식을 가져라

일을 마지못해 하거나 늘 같은 일을 반복하기 때문에 재미없다고 불평하는 사람이 있다. 이런 태도는 자신의 일에 주인이 되지 못하기 때문이다. 그래서 재미없는 것이다. 하나를 지시하면 정확히 하나만 하는 수동적인 일은 재미없는 것이 당연하다. 일의 속성상 시켜서 하는 일은 절대로 재미있을 수 없다.

사람은 주체적으로 행동하지 않으면 필연적으로 스트레스를 받게 된다. 달리 말하면 일에서 스트레스를 많이 느끼는 사람은 자신이 주체적으로 행동하지 않았다고 볼 수 있다. 주체적으로 일을 하면 반드시 플러스알파($plus\ alpha$) 효과를 얻게 되고, 그럼으로써 자신감이 생긴다. 일의 능력도 향상된다. 일상의 행동도 밝아지고 긍정적으로 변하게 되어 활력이 넘친다.

이렇게 행동하는 사람을 주위에서 내버려 둘 리 없다. 누구나 밝고 활력 있는 주도적인 사람과 같이 일하고 싶어 하게 마련이다. 이런 이유로 여러 곳에서 함께 일하자는 제의를 받게 된다. 이처럼 플러스알파 일은 보다 새롭고 큰일을 만들어 내는 기회를 제공해 준다.

최고 경영자는 입사 시절에 우수했거나 근무에 성실하기만 한 사람이 되는 것도 아니고 엄청 운이 있어야만 되는 것도 아니다. 그렇다면 무엇이 최고 경영자를 만드는 것일까? 중요한 한 가지를 꼽는다면 주인 의식을 말하고 싶다.

사실 우연한 행운은 준비된 자에게만 찾아온다. 아무 생각 없이 아침에 출근해서 하루를 보내고 퇴근하는 일상을 반복한다면 치열하게 쌓아 온 지식도, 경험도 시간과 함께 사라질 것이다. 월급을 받기 위해 일하는, 심지어 월급 받는 만큼만 일하려는 월급쟁이가 되어서는 회사나 자신 모두가 행복할 수 없다.

첫 출발은 비슷해도, 결국 주인 의식을 갖고 일하는 직원은 시간이 지날수록 앞서 나가기 마련이다. 똑같은 일을 하더라도 자기 것으로 만들 줄 안다면 결국 전문 경영인으로 성장하게 된다.

흔히 주인 의식을 가진 직원은 일을 많이 할 것이라고 생각하기 쉽다. 그러나 주인 의식은 마음의 자세를 말하는 것이지 자신의 생활을 희생하며 직장에 충성하라는 이야기가 아니다. 오히려 그러한 환경에서는 주인 의식을 기대하기 어렵다. 주인 의식을 가진 사람은 얼마든지 일과 가정생활을 조화롭게 꾸려 간다. 그리고 그런 사람일수록 절대 가정에 소홀하지 않다. 가정을 희생하면서까지 일하지 않는다는 말이다.

우리가 꿈꾸는 가장 바람직한 모습은 일과 사생활의 일체화 된 삶이다. 성공한 사람을 보면 일과 사생활의 경계가 명확하지 않은 경우가 많다. 그들은 업무에도 열정적으로 임하고 사생활에서도 아주 진지하다. 일을 하고 있는 모습은 사생활을 즐기는 모습과 완전히 똑같아서 두 가지 모두를 즐기고 있는 것처럼 보인다.

예를 들면 그들은 운동을 하면서도 업무와 관련해 획기적인 아이템을 생각하여 업무에 적용하기도 한다. 유원지에 놀러 가거나 호텔에서 식사를 하면서도 업무에 도움이 되는 아이디어를 떠올릴 줄 안다. 자연히 업무에서 두각을 나타나게 되고, 이렇게 번 돈으로 사생활도 더욱 충실하게 꾸려 나간다. 이것이 바로 일과 사생활의 순환관계라 할 수 있다.

여기서 잠시 백만장자의 목욕 습관을 들여다보자. 샤워기 앞에서 여러 명이 샤워를 하고 있다. 그 중에 누가 부자이고 가난한 사람인지 알 수 있는가? 몇 가지 차이점을 발견하면 가능하다. 어떤 사람은 샤워기를 틀어 놓은 채 머리를 감거나 비누칠을 하고 면도를 하지만, 어떤 사람은 샤워기를 잠근 후에 비누칠을 하고 머리를 감고 면도를 한다. 그런가 하면 선반 위에 새 치약과 거의 다 쓴 치약이 나란히 놓여 있다. 대부분의 사람이 새 치약의 중앙을 꾹 눌러 많은 양을 쓰는 반면 어떤 사람은 굳이 다 쓴 치약을 쥐어짜서 그 양도 콩알만큼만 사용한다. 놀라운 점은 치약을 쥐어짜서 사용하는 사람이 샤워기를 잠그고 비누칠을 하는 사람과 일치하였다는 점이다. 나중에 그 사람이 살아가는 모습을 알아본 결과 큰 부자였다는 것이다.

이는 직장 생활에서도 엿볼 수 있다. 점심 식사 후 양치질 하는 습관을 보라. 그 모습에서 고위직인지 하위직인지 구별이 가능하다. 양치질하는 단순한 행동 하나에서 미래의 모습까지 예측이 가능하다. 직급이 높은 사람은 한 손에는 컵을 다른 한 손에는 칫솔을 들고 화장실로 향한다. 반면 대부분의 하위직이나 계약직은 간편하게 칫솔만 들고 간다. 칫솔 위의 치약이 아까울 정도로 푸짐하게 짜서 사용한다. 이들은 양치질을 끝내고 수돗물을 한동안 틀어놓은 채 입을 헹구는 등 물을 아끼지 않는다. 그야말로 물을 물처럼 쓴다. 이는 음식을 먹는 모습에서도 여실히 드러난다. 부자나 고위직으로 갈수록 음식을 소중하게 다룬다. 반면 가난하거나 하위직일수록 음식을 함부로 대한다. 밥을 남긴다든가 반찬을 남기는 등 쌀 한 톨, 반찬 하나 아까워할 줄 모른다.

성공한 사람과 실패한 사람의 차이는 종이 한 장이다. 성공한 사람은 사무실 종이 한 장이라도 내 것처럼 아껴 쓰고 근검절약을 한다. 관리 능력이 뛰어난 사람이다. 실패한 사람은 돈을 물 쓰듯 개념 없이 쓴다. 앞일은 생각지 않고 당장 필요에 따라 마구 써버린다. 이처럼 부자가 되는 길은 특별한 비결이 있었던 것이 아니라 누구나 할 수 있는 평범해 보이는 원칙을 지켜 가며 꿈을 이루어 갔던 것이다. 그리고 백만장자는 생각보다 검소한 생활을 하고 있었다. 그렇지만 불쌍한 사람이나 어려움에 처한 사람을 위하여는 아낌없이 썼다.

쓸쓸한 이야기이지만 수많은 직장인 중에 머리를 달고 출근하는 직원이 몇 명이나 될까? 내가 회사의 주인이라고 생각하면 일을 대하는 마음 자세부터 달라진다. 좋은 생각은 오랜 기간 심사숙고한 끝에 우연히 떠오르는 경우처럼 보이는데, 이는 사실이 아니다. 사소한 일도 다른 관점에서 생각하는 습관이 몸에 배어 있어 나타난 것이다.

따라서 자신의 일터, 직장에서 즐겁게 일하며 성공하고 싶다면, 그로 인해서 행복해지고 싶다면 주인처럼 생각하고 행동할 것을 권한다.

최고 경영자처럼 행동하라

최고 경영자처럼 일하라. 그래야 미래 최고 경영자가 될 수 있다.

직원은 매달 급여일을 손꼽아 기다리지만, 사장은 매월 돌아오는 급여일이 걱정스럽다. 직장인은 급여가 정해져 있기 때문에 조금이라도 더 받기 위해 애쓸 필요가 없다. 복잡하고 난해한 업무처리로 야근을 밥 먹듯 하는 부서 직원이나 하루 종일 사무실에 앉아 대충대충 시간을 때우는 직원이나 한가한 부서에서 땡 함과 동시에 퇴근하는 직원이나 정해진 날짜가 되면 어김없이 급여가 들어오기 때문이다.

하지만 사장의 마음은 다르다. 직원의 급여를 주기 위해서 어떻게든 이익을 남겨야 한다. 그들에게 다음 급여일이 돌아오는 월말은 생존을 위한 치열한 경쟁이다. 설령 이익이 남지 않는다 해도 직원 급여는 챙겨 주어야 한다. 누구에게나 하루는 24시간이지만 직장인과 사장의 태도는 천당과 지옥을 왔다 갔다 하는 정 반대의 방향을 달리고 있는 것이다.

지금 우리 사회가 필요로 하는 사람은 바로 최고 경영자가 갖는 정신의 소유자이다. 여기서 최고 경영자란 남들과 같은 방법으로 일을 하면 성공할 수 없다는 것을 깨달은 사람을 말한다. 즉 남들과 다르게 일하는 사람을 일컫는다. 남들과 같은 방식으로 일을 한다면 내일도 변화는 없을 것이다. 나아가 미래 역시 없다. 남과 다른 방식을 끊임없이 고민하고 찾아나갈 때 비로소 새로운 변화를 맞이할 수 있게 된다. 직장에서도 무미건조한 직원보다는 발로 뛰며 스스로 일을 찾아 하는 직원을 인정하기 마련이다. 일을 만들고 해결하다 보면 스스로의 능력이 향상됨에 따라 자신감도 붙고 일의 탄력도 붙는다. 이런 사람이 장차 최고 경영자가 되는 것이다.

어떤 일을 할 때에는 항상 '내가 최고 경영자라면 어떻게 할까'라는 생각을 갖고 그 일에 접근하라. 절대 단순하게 가담한다는 마음가짐을 가지면 안 된다. 누구든 마찬가지이다. 큰 회사를 경영하든, 자신의 가족을 돌보든, 아이의 학교 행사에 참여하든 다르지 않다. 작은 일이라도 결코 소홀히 하면 안 된다. 그동안 큰일을 해냈거나 유명해진 사람은 모두 최고 경영자의 마음가짐을 가지고 자신의 일에 뛰어든 경우이다. 이렇듯 최고 경영자는 일반적으로 자기 일에 전심전력한다. 집에 가서도 24시간 회사 일로 고민하는 사람이 바로 최고 경영자이다.

김치 박사로 통하는 H식품 K대표의 이야기에 살짝 귀 기울여 보라. 그의 일상은 전부 김치와 연계 되어 있다고 해도 과언이 아니다. 아침에 일어나서 잠들 때까지, 꿈속에서조차 그가 매달리는 화두는 김치였다. 길을 가다가도 아름다운 꽃을 보면 '이 꽃으로 김치를 만들면 어떨까, 김치를 이 꽃처럼 만들 수는 없을까'를 생각했다. 그 결과 횟집에서 식사를 하면서 와사비와 김치를 회로 말아서 먹는 방법을 고안해 내기도 했다. 그는 차를 타고 가다가도, 미용실에서 머리를 하다가도 아이디어가 떠오르면 메모를 한 뒤 공장으로 달려가곤 했다. 그런 후 팔을 걷어붙이고 재료를 배합해 샘플을 만들었다. 이렇듯 김 대표가 성공할 수 있었던 가장 큰 요인은 앞서 말한 대로 그의 김치에 대한 끝없는 관심과 열정이었다. 지금도 늘 부족하다고 여기면서 더 다양하고 차별화된 맛을 찾기 위해 끊임없는 개발을 시도하고 있다.

최고 경영자는 위로부터 지시나 명령을 받는 사람이 아니다. 스스로 생각하고, 결정하고, 찾아서 일하는 사람이다. 어떤 일을 하건 최고 경영자는 스스로의 일하는 동기가 있다. 자신의 업무를 단순히 상부의 지시나 명령으로 받아들이고 기계적으로 처리한다면 일을 하는 의미가 반감된다. 하지만 똑같은 일을 하더라도 '왜 이 일을 하는지, 어떻게 하면 더 잘할 수 있는지, 이 일이 어떤 결과를 가져오는지'를 생각하고 움직인다면 이미 최고 경영자의 습관을 가진 것이라 볼 수 있다.

생각해 보니, 내가 간절한 마음으로 무엇을 해야 회사에 도움이 될까 고민하고 노력했던 과정이 사실은 회사와 경영자보다 나 자신에게 더 큰 도움이 되었다는 것을 알게 되었다. 최고 경영자와 같은 자세로 일하면 일의 성과가 좋은 것은 물론이고, 그 과정을 통해 나 자신이 놀랄 정도로 훌쩍 성장한다. 주어진 일을 수동적으로 하는 것이 아니라 일을 찾아서 능동적으로 하게 되고, 문제를 피하는 것이 아니라 문제를 해결하려는 자세를 갖기 때문이다. 이러한 자세로 일을 하다 보면 아무리 어려운 문제도 쉽게 풀 수 있다. 여기서 어려운 문제를 해결하는 과정에서 크게 발전한다는 사실을 기억하기 바란다.

그렇다. 지금부터 하는 말에 귀 기울여 보라. 요즘은 창업을 꿈꾸는 사람이 엄청 많다. 하지만 현재의 직장 생활을 앞으로의 창업을 위한 준비 과정쯤으로 생각하고 대충 임하면 큰 오산이다. 설령 기회가 되어 사업을 해도 성공하기 힘들다. 바꾸어 말하면 현재의 직장 생활 모습에서 미래의 창업 성공 여부를 어느 정도는 알 수 있다. 그러니 직장 생활을 하면서 최고 경영자처럼 생각하고, 판단하고, 행동하라. 그러면 당연히 좋은 성과를 낼 수 있다. 뿐만 아니라 나중에 꿈을 이루는 밑거름이 된다.

교육 기회를 100배 즐겨라

직장인 중에는 회사에서 단지 월급만큼만 일을 하면 그만이라고 공공연하게 떠벌리는 사람이 있다. 그러나 인생의 80퍼센트 이상을 보내는 장소에서 단지 월급만을 바란다는 것은 너무 어리석지 않은가?

나는 직장에서 보내는 시간이 회사를 이용해 자아를 실현하는 동시에 회사에도 이익을 주어야 한다고 생각한다. 회사에 종속되거나 조직과 대립하는 것이 아니라 회사와 자신의 공생 관계를 구축해야 한다. 회사에는 교육, 인맥, 기술과 같은 풍부한 인프라(infra)가 있다. 그 중에서도 교육이 능력 향상에 으뜸이라 할 수 있다. 그것을 유효하게 활용해 자신을 갈고 닦기 위해서라도 업무 시간을 효율적으로 사용하는 습관을 들여야 한다.

'세상을 바꾸는 것이 사람이고, 사람을 변화시키는 것이 교육'이라는 말처럼 투자 중에서 가장 중요하고 보람 있는 투자가 바로 교육에 대한 투자이다. 아이 교육에 돈을 아끼면 나이 들어 후회하는 것처럼 우리는 자기 발전을 위한 교육 투자를 게을리해서는 안 된다. 이런 이유로 회사에서 제공하는 교육 기회를 100배 즐길 줄 알아야 한다. 이 기회만 잘 살려도 한 분야의 전문가가 되고도 남는다. 직장 생활을 하는 동안 10년, 20년 후를 내다보고 전략을 수립해 자신의 경력을 쌓아갈 필요가 있다는 얘기이다. 따라서 제대로 준비만 잘한다면 퇴직 후까지 전문성을 활용할 기회가 많아진다. 대부분의 직장에는 짧게는 몇 주에서 1개월, 길게는 1년 간의 장기교육이나 외국 연수가 있다. 이러한 교육만 100퍼센트 활용하면 연봉 인상이나 몇 단계 신분 상승도 가능하다.

  실제로 동료 직원 중 하나는 직장 생활 기간 내내 일본어 교육에 적극 참여하였다. 그렇게 10년 동안 일본어에 관심을 갖다 보니 직장 내에서 일본어를 가장 잘하는 사람으로 인정받게 되었다. 그 결과 1년에 몇 번씩 일본을 방문한다. 이때 안내를 함으로써 경비가 전혀 들지 않는다. 나아가 퇴직 후에도 일본에 가서 할일을 마련해 두었다고 한다. 또 다른 직원은 1년 장기 교육을 받은 후 책을 출간하기도 하였다. 따라서 직장에 다니는 동안 시간만 때우거나 일에 지쳐 허덕일 것이 아니라, 교육으로 자신을 철저히 무장해 나 자신의 가치를 높이면 어떨까 한다.

교육은 농사짓듯 1년에 끝낼 수도 10년에 마칠 수도 없다. 장기전으로 미래를 생각하면서 임해야 한다. 그래야 교육의 뿌리도 잘 내리고 풍성한 열매도 수확할 수 있다. 조급증에 걸려 1년 만에 3년 만에 좋은 성과나 결과를 기대하는 것은 어리석은 일이다. 어떻게 3년, 6년 만에 풍성하고 좋은 열매를 딸 수 있겠는가? 교육은 더더욱 장기간을 요한다.

사실 건물도 일정한 시간이 지나면 리모델링(remodeling)을 통해 세련된 모습으로 변화한다. 양질의 인풋(input)이 아웃풋(output)을 생산한다. 자신의 몸값을 높이는 관리의 첫걸음은 많은 것을 배우고 익혀 내 것으로 만드는 일이다. 직장에서 제공하는 교육 기회를 100퍼센트 활용해 보라. 성실함도 인정받고, 회사 돈으로 해외도 자주 나가게 되는 등 내 돈 하나 들이지 않고 경쟁력도 높일 수 있는 일석이조의 기회가 된다.

하지만 회사에서 받는 교육을 그리 탐탁치 않아 하는 사람이 대부분이다. 일하느라 피곤하고 바쁜데 교육까지 의무로 받으라고 하니 몸이 두 개라도 모자랄 지경이라는 변명이다. 그래서인지 어쩌다 교육을 받게 되면 시간 때운다는 생각으로 뒷자리에 앉아 졸거나 대충 임한다. 과중한 업무 때문에 부담스러울 수도 있지만, 미래를 위한 투자라고 생각하고 챙길 수 있을 때 확실하게 행동하는 것이 현명하다. 그것도 하나의 교육을 정하여, 즉 전공이나 축제, 외국어 등에 집중할 것을 권하고 싶다. 그래야 한 분야의 전문가가 될 수 있어 퇴직 이후까지 연결이 가능하다.

그럼에도 불구하고 많은 사람이 강의 잘 못한다고 강사 탓만 한다. 그러나 나름대로 배울 점이 분명히 있다. 청중이 강의에 집중하는 것이 강사의 역량이라지만 청중도 열심히 듣겠다는 각오로 임해야 효과가 있다. 조금만 냉철하게 생각해 보면, 자주 있는 일도 아닌데 회사에서 무료로 제공하는 강의를, 더구나 근무 시간에 성의 있게 듣는 게 그렇게 어려운 일은 아닐 것이다. 어차피 참여해야 하는 시간이라면 혹 지루하더라도 졸면서 시간만 낭비하기보다 하나라도 얻자는 자세로 강사와 함께 눈도 마주치며 새로운 분야를 익히는 게 훨씬 득이 된다. 교육도 진지하게 받을 필요가 있다. 장래 성공하는데 피가 되고 살이 되기 때문이다.

삶을 인정하고 즐겨라

경험으로 미루어 보면 삶이 항상 우리를 기만하고 속이는 것처럼 여겨질 때가 있다. 그때마다 푸시킨(Pushkin, Aleksandr Sergeyevich)의 "삶이 그대를 속일지라도 슬퍼하거나 노하지 마라"를 떠올리며 위로 받곤 한다. 경우와 상황은 다르겠지만 삶이 고단하지 않을 수 있겠는가? 그렇다면 어떻게 해야 하는지 뻔하지 않은가. 차라리 일을 즐겨라. 결코 짜증 내지 마라. 싫든 고통스럽든 일을 해야 살 수 있다. 일이 바로 삶 자체이기 때문이다. 그럼에도 불구하고 매일 사무실에서 겪는 반복적인 일상으로 불만이 많다. 물론 일리가 없지 않다. 하루의 삶을 단순하게 생각해 보라. 보통 9시에 출근해서 6시에 퇴근한다고 하면, 직장에 있는 시간이 9시간이다. 잔업이나 야근 등으로 정시 퇴근이 언감생심인 점을 감안하면 10시간 이상 직장에서 보내게 된다. 수면 시간을 하루 7시간으로 계산하면 월요일부터 금요일까지 주어진 시간의 80퍼센트를 직장에서 일하는 데 쓰게 된다. 다시 말해 직장에서 짜증스럽게 보낸다면 인생의 절반이 넘는 시간을 고통 속에서 보내는 것이 된다. 직장 생활이 즐겁지 않으면 일이 재미없다. 일이 흥미롭지 않으면 퇴근 후의 생활이 기쁠 수 없다. 가정생활도 원만할 수 없다. 나아가 인생도 신날 것이 없다.

 일이 즐겁지 않다는 것은 그 일의 내용 때문이 아니라 마음이 그렇게 느끼기 때문이다. 그러므로 일이 즐겁다고 느낄 방법을 찾으면 된다. 일이 좋아지면 일의 효율뿐만 아니라 질도 높아진다. 물론 사내에서 평가 또한 좋아지는데, 무엇보다 인생 자체가 풍요로워진다.

 혹자는 이렇게 반론을 펼지도 모른다. 매일 반복되는 단순 노동에서 무슨 즐거움을 찾을 수 있겠는가. 가족을 부양하기 위해서 돈을 벌어야 하기 때문에 싫어도 어쩔 수 없이 해야 하는 것이 일 아닌가 하고 말이다.

 그러면 어떻게 해야 일이 즐거울 수 있을까? 자기 암시 노력에 의하여 얼마든지 긍정적인 마음으로 바꾸는 것을 알 수 있다. 먼저 일 없이 무료하게 보낸다는 생각을 하면 일이 즐겁지 않다는 것을 알 수 있다. 즐거움이 넘치는 일터에 간다, 직장에서 어떻게 하면 일을 더 많이 할 수 있을까와 같은 자기 암시 또는 생각을 하면 일에 대한 흥미와 애착이 절로 생긴다. 이렇듯 최선을 다해 일하는 태도가 일에 대한 집중력도 높이게 되고, 결국 성공적인 인생을 맞이하게 되는 것이다.

생각해 보면 정말 재미있는 일은 그렇게 많지 않다. 일을 좋아하는 사람은 아주 극소수에 불과하다. 남이 보기에는 재미있어 보이는 일도 막상 본인이 해보면 고통스러운 경우가 다반사이다. 그렇다면 해답은 간단하다. 일을 놀이처럼 즐기는 것이다. 일을 즐기면 자기 성장의 기회로 다가온다. 자신의 능력이 향상된다. 또한 피부가 부드럽고 빛이 나며 얼굴은 온화한 인상으로 바뀜을 알 수 있다. 일을 재미있게 만드는 것은 일의 내용이 아니라 일을 받아들이는 방식이다. 바꾸어 말하면 조금만 생각을 달리하면 어떤 일이든 재미있다.

이런 이유로 일을 할 때는 항상 밝은 마음으로 해야 한다. 밝은 마음과 밝은 미소는 행복의 에너지를 제공한다. 얼굴을 찌푸리는 일이 있어서는 안 된다. 인상을 찌푸리면 세상도 찌푸린 얼굴을 들이민다. 울거나 짜증 내는 소리를 내지 마라. 우는 소리를 내면 울게 될 일이 생긴다. 짜증을 내면 짜증낼 일만 생긴다. 반면 감사하면 감사할 일만 생긴다. 희망의 불길로 모든 것을 채워라. 희망은 미래 목표에 이르는 밝은 등불 역할을 한다.

　우리는 인생에서 가장 혈기 왕성한 시기 동안 일을 하면서 보낸다. 그리고 하루의 절반 이상을 일을 하며 보낸다. 이 사실을 전제로 사람은 두 종류로 나눌 수 있다. 매우 즐거워서 어쩔 줄 모르는 사람과 너무 힘들어서 어쩔 줄 모르는 사람이 그것이다. 즐거워서 어쩔 줄 모르는 사람은 삶을 즐기기 때문에 하루하루가 행복하다. 반면 힘들어서 어쩔 줄 모르는 사람은 고통으로 가득한 삶을 살아야 하기 때문에 하루하루가 지옥이다. 따라서 충실한 삶을 위해서는 직장에서, 일터에서, 현재의 일에서 즐거움을 찾을 수 있어야 한다.

나만의 독특한 이미지를 만들라

나만의 브랜드(brand)를 높이기 위해서는 구체적으로 무엇을 해야 할까? 우선 내가 만들고 싶은 브랜드 이미지를 설정해야 한다. 당신의 주변 사람이 당신의 이름을 들었을 때 어떤 이미지를 떠올리기를 바라는가? 그것이 바로 당신 브랜드 이미지의 목표가 된다. 상사나 동료가 나의 이름을 들었을 때 제일 먼저 어떤 생각이 떠오르는지를 알면 나의 브랜드가 어떤 가치를 가지고 있는지를 확인할 수 있다. 주변 사람이 나의 이름을 들었을 때 제일 처음 떠오르는 생각이 근면, 성실 등과 같은 긍정적인 이미지라면 이제까지 관리를 잘해 왔다고 할 수 있다. 하지만 회식, 뺀질이, 불평불만 등 단어가 떠오른다면 나의 이미지 관리에 문제가 있음을 인식하고 새롭게 분위기 전환을 해야 한다.

내 이미지는 내가 생활하면서 만드는 것이다. 내 브랜드 가치를 생각하는 사람이라면 일 처리 때마다 내가 추구하는 이미지를 떠올려 보고 그와 어울리는 행동을 하기 위해 노력하라. 부지런하고 성실한 이미지를 원한다면 타 동료보다 일찍 출근하여 일할 준비를 하라. 그리고 회의 때도 약속을 엄수하고 자료 준비와 보고서 작성 등에 특별히 공을 들여 일찍부터 성실하게 준비하라.

경쟁사회의 직장인에게는 제각기 개성 넘치는 다양한 이미지가 존재하는데, 그 중에서도 긍정적인 이미지 관리는 대부분 직장인에게 반드시 필요하다. 이는 개인의 브랜드 관리 중에서도 가장 가치 있는 작업에 속한다. 고된 업무 추진 과정에서 잘 웃고 낙천적이며 긍정의 힘을 주위에 전파하는 동료가 있다면 여러 사람에게 큰 힘이 되기 때문이다. 이러한 직원은 업무 능력이 높고 낮음에 상관없이 상사와 동료에게 많은 사랑을 받게 마련이다.

요컨대 나의 이미지가 밝고 긍정적인 기운을 유지할 수 있도록 항상 노력하라. 그리고 이를 바탕으로 나만의 특별한 매력과 장점을 갖춘 최강의 브랜드가 될 수 있도록 세심한 곳까지 신경 써서 관리하라. 이러한 노력은 당신의 브랜드 가치를 상승시켜 준다. 그 결과 고속 승진으로 새롭게 자리매김할 수도 있다.

내면을 가꾸는 데 시간을 할애하라

화장을 진하게 하고 머리 염색을 하고 주렁주렁 치장을 하면서 지나치게 외모에 신경 쓰는 사람, 요란한 의상을 좋아하는 사람 등 사치를 좋아하는 사람은 그만큼 내면을 갈고닦는 데 소홀할 수밖에 없다. 내면의 중요성을 모르고 있다고 볼 수 있다.

즉 하루에도 몇 번씩 화장을 고치고 팩(pack)을 하는 등 외모에는 많은 관심과 시간과 물질을 쏟아부어 바르고 마사지하고 다듬고 고치면서도 그보다 더 중요한 인간의 삶을 좌우하는 자기계발에 대하여는 별로 관심을 두지 않는다. 내면을 가꾸기 위하여 한 달에 책 한 권도 안 읽는 사람이 대다수라니 안타까울 따름이다. 인간이 인간답게 살아가도록 하는 삶의 가장 중요한 요소는 인간의 내면에 있는데도 말이다. 인간의 가장 깊은 곳에 있는 영혼과 마음속에 무엇이 담겨 있는가에 따라 그 사람의 행동이 좌우되고 그 사람의 됨됨이를 알 수 있다. 인간의 행동은 깊은 내면 가운데 있는 것이 밖으로 그대로 드러나기 때문이다. 그러한 행동이 쌓이고 쌓여 그의 사람됨이 형성되고, 그것이 오랜 세월 축적되어 결국 그 사람의 인격이 이루어지는 것이다. 이때 그 인격이 아이에게로 그대로 영향을 미친다.

  많은 부자들이 검소하고 간편한 복장을 착용하는 습관도 성공과 결부되어 있음을 알 수 있다. 성공한 사람은 타인에게 잘 보이려 치장하는 대신 항상 자신의 내면을 들여다보고 내면을 가꾸는 데 심혈을 기울인다. 자기 자신에게 잘 보이려 노력한다는 것이다.

  자, 이제부터 외모에 관심을 둘 시간이 있다면 생각을 바꿔 내면을 가꾸는 데 시간을 할애하라. 얼굴에 치장할 시간이 있다면 아이의 교육에 시간을 투자하라. 앞으로 아이의 성공과 행복을 위해서······.

매사 긍정적으로 사고 하고 행동하라

첫 직장에서의 긍정적인 사고가 10년 후 당신의 직장과 승진, 연봉을 결정한다면, 그래도 당신은 부정적인 사고로 세상을 볼 수 있을까?

최고 경영자의 위치까지 올라가려면 필수적인 것이 매사 긍정적으로 바라보는 것이다. 이제 자신에게 질문을 하나 던져보라. '나는 어떤 상황이 닥쳐도 긍정적으로 사고 할 준비가 됐는가?' 심지어 어려운 상황에 닥친다고 해도 상황은 마찬가지이다.

직장 안팎에서 경험하게 되는 다양한 현상과 상황을 긍정적인 마음을 통해 바라보는 훈련은 첫 직장에 몸담고 있을 때 바로 시작해야 한다. 신입 사원 시절부터 부정적인 마음의 창을 통해 세상을 바라보고, 부정적인 시각으로 직장 상사를 대하며, 고객이나 동료에게 부정적인 말을 쏟아내기 시작한다면, 그것이 곧 직장에서 자신의 명을 재촉하는 지름길이다. 그 누구도 옆에 다가서려 하지 않을 것이다. 직장에서도 변방으로 돌 것이다. 끼리끼리 만난다고 했듯이 당신 주위에는 부정적인 사람만이 모이게 된다. 집에서의 공기도 온통 부정적인 공기로 가득차게 된다.

부정적인 감정은 전염성이 강하다. 직장에서 이루어지는 사소한 회의나 주석에서 오가는 대화에서도 부정적인 에너지는 빠르게 퍼진다. 건설적인 의견이나 제안에 대하여 즉석에서 '그런 것은 효과가 없다, 그런 것은 헛수고다'라며 일단 부정적으로 반응하는 사람이 꼭 있기 마련이다. 또한 경영 방침이나 상사의 지시에 대하여 토를 다는 사람이 있다. 그러면서 마지못해 한다.

우리가 날마다 출근하는 일터는 감정이 전염되기에 가장 좋은 장소이다. 한두 사람의 기분에 따라 팀 전체의 성과가 좌지우지된다는 사실을 보여주는 연구 결과는 수없이 많다. 행복감을 느끼는 지도자는 팀 전체의 분위기를 띄워 생산성 증진이나 업무 능률을 향상시킬 수 있다. 하지만 반대로 불행하거나 화가 나 있는 지도자는 분위기를 가라앉게 만들어 업무 능률을 저해하는 요인으로 작용한다.

실제로 지도자의 기분은 파급 효과가 커서 조직의 최하위 단위에까지 영향을 끼친다. 이 세상에 따로 동떨어져 있는 행동은 없다. 우리가 사는 세상은 고도로 복잡하게 연결되어 있으며, 우리의 감정과 태도, 행동 등은 이 연결망 속에서 사람을 따라 옮겨진다. 우리 뇌 속의 신경망도 마찬가지이다. 우리의 모든 생각이 전염된다.

성공하려면 운이 좋은 사람과 어울려라. 사고방식이나 행동 습관은 자기도 모르는 사이에 조금씩 전염된다. 나도 모르는 사이에 그 사람의 사고와 행동이 내게 젖기 때문이다. 반면 부정적인 사람과 관계를 맺으면 주변 사람이나 환경을 탓하고, 현실에 안주하게 된다. 인생이나 인간관계에 실패했다고 후회하는 경우 부정적인 집단의식에 감염된 사람들이다.

조직에는 의욕을 북돋워 주는 사람과 의욕을 앗아가는 사람이 존재한다. 소극적인 말이나 불평만 늘어놓는 사람과 관계하면 자신까지 어느 사이엔가 부정적인 사람이 되어버리기 때문에 주의가 필요하다.

우리는 사소한 행동이나 말투도 조심해야 한다. 우리가 느끼는 감정은 내 마음 안에만 머무르지 않는다. 우리의 생각, 말, 행동 그리고 감정 모두가 밖으로 퍼져 나가서 주위 사람에게 정보를 전달하고 영향을 끼친다. 특히 리더라면 더욱 조심할 필요가 있다.

리더가 집단 전체의 분위기에 영향을 미친다는 생각은 오래 전부터 있었다. 한 조직의 리더라면 본연의 임무인 업무를 성공적으로 완수하고 직원을 잘 관리하는 것은 물론 팀의 분위기를 긍정적으로 조성하는 역할까지 신경 써야 한다. 더욱이 이를 위해 무엇보다 리더 자신의 기분을 긍정적으로 유지할 필요가 있다.

자신은 미처 깨닫지 못하겠지만 부정적인 에너지를 내뿜는 사람은 조직에 해악을 끼친다. 가족 구성원 하나하나가 부정적으로 변하여 아이에게도 부정적인 영향을 미친다. 당신이 발산하는 에너지가 좋으면 좋은 대로 나쁘면 나쁜 대로 다른 사람에게 전달된다. 아이 교육이 제대로 되지 않아 불량 청소년이 되기 쉽다. 콩 심은 데 콩 나고 팥 심은 데 팥 나듯이 불평불만과 이기주의적인 성격은 아이도 이기주의적으로 태어날 수밖에 없는 이치와 같다. 실제로 주위에서 사건 사고에 시달려 고통을 당하거나 명을 재촉함은 물론 아이의 일까지 제대로 풀리지 않아 고민하는 경우를 종종 봤다.

이처럼 부모의 행동은 아이에게도 지대한 영향을 끼친다. 결혼해서 아이를 갖지 못하는 경우 부부 중 하나는 성격이 묘한 부분이 있다. 가령 말하자면 부정적이고 이기적이며 편협적이라 다른 사람과 잘 어울리지 못한다. 독신자도 상황은 마찬가지이다.

그런데 놀라운 사실은 요즈음 보이지 않는 에너지의 이 매혹적인 세계는 점점 더 과학적인 입증이 가능한 것으로 되어가고 있다. 보이지 않는 이 분자는 에너지로 작용한다. 식물의 경우도 예외는 아니다. 모든 식물은 특수한 색깔을 취한 인자가 유전형질 속에 들어 있어 저마다 특유한 색깔의 꽃을 피운다. 또 밝은 빛을 탐지하는 장치가 있어 모두 해를 바라본다. 방향을 틀어 놓아도 빛을 바라본다. 뿐만 아니라 소리를 구별하는 탐지기도 가지고 있다. 팝송이나 빠른 음악을 들려주면 성장 속도가 빨라지고, 발로 툭툭 차거나 부정적인 행동을 보이면 점차 시들다 죽게 된다.

  나무도 눈으로 보이지 않는 이 물질을 배출한다고 한다. 이웃한 나무가 특정한 병의 공격을 받으면 이 에너지를 발산함으로써 근처에 있는 모든 나무에 경고 신호를 보낸다고 한다. 침략하는 병균을 물리치기 위한 그들 나름의 방어 체계인 것이다. 마찬가지로 동물과 사람도 두려움 속에 있을 때나 사랑하는 마음이 있을 때 보이지 않는 에너지를 방사한다. 다른 동물이 살육된 방에 들어온 동물은 두려움으로 경련을 일으키거나 엄습해 오는 살벌한 공기로 떤다고도 한다. 물론 이러한 영향력은 반대의 경우에도 적용된다. 사랑하는 마음을 품게 되면 우아함과 아름다움, 부드러움의 에너지를 주변에 퍼뜨리게 됨이 그렇다.

  하물며 인간인 우리는 어떻게 행동해야 할까? 새삼스러운 느낌이 들겠지만 다시 한 번 곱씹어 봐야 하지 않을까.

당신은 떠돌이 주인인가 똑똑한 노예인가

논에서 여럿이 일을 하고 있다. 누가 주인이고 누가 머슴인지 조금만 지켜보면 금방 알 수 있다. 가장 열심히 일을 하는 사람이 주인이다. 주인은 허리를 펴고 쉬지 않는다. 눈치 보며 자주 쉬는 사람이 머슴이다. 머슴은 여러 번 허리를 펴면서 휴식을 취한다.

또한 길을 가다 보니 두 여인네가 밭을 매고 있었다. 분명히 한 사람은 주인이고 한 사람은 객일 텐데 누가 주인이고 누가 객일까? 역시 조금만 지켜보면 알 수 있다. 밭일이 모두 끝나고 A라는 사람이 B라는 사람에게 하루 일의 품삯으로 돈을 준다. 이때 누가 주인인가? A가 주인이다. 주는 사람이 주인인 것이다. 또는 A가 B에게 수고했다라고 인사를 한다. 그러면 A가 주인이라는 사실을 금방 알 수 있다.

　고맙다고 인사하는 사람이 주인이고, 인사 받는 사람이 객이다. 무엇인가 배려하고 베푸는 사람이 주인이고, 도움을 받는 사람이 객인 것이다. 주는 것을 좋아하는 사람이 주인이고 받기를 좋아하는 사람이 객이다. 가난한 사람은 받는 것을 좋아한다. 가정 형편이 어려운 자는 항상 받기만 한다. 뿐만 아니라 대개 주는 것보다 받는 것을 좋아한다. 심지어 주지 않는다고 가져오라는 사람도 있다. 모두 대우 받으려고만 한다. 부탁만 한다. 주위를 둘러보라. 이해 받으려만 하고 도움을 받으려만 한다. 그렇다 보니 항상 객으로 떠도는 것이다. 떠돌이 신세로 늘 헐떡거리면서 살게 된다. 먼저 주는 사람이 될 때 비로소 주인이 될 수 있다는 사실을 기억하기 바란다.

　살펴본 바와 같이 일하는 모습을 보면 노예인가 주인인가를 알 수 있다. 그러면 당신은 노예인가 주인인가?

　소규모 가게를 운영하는 주인은 항상 밝은 얼굴로 손님을 맞이하면서 가게를 지킨다. 가게는 늘 깨끗하게 청소되어 있고, 손님 한 사람 한 사람에게 정중한 인사와 미소를 보낸다. 좀 힘든 부탁을 해도 웃으면서 기꺼이 들어준다. 이렇듯 청결하고 서비스가 좋은 덕분인지 그리 크지 않은 가게이지만 늘 사람들로 북적인다. 주인의 열정이 손님들마저 기분 좋게 만드는 것이다. 반면 종업원은 행동이 다르다. 종종 손님과 마찰을 일으키기도 한다. 행동도 시키는 일 일변도로 한다. 더러는 마지못해 하는 모습을 보인다. 손님이 몰리는 가장 바쁜 시기에 결근을 하기도 한다. 주인이 보는 곳에서는 열심히 일하는 척한다. 하지만 주인이 보지 않는 곳에서는 대충 일한다.

그런가 하면 주인은 24시간 회사를 생각한다. 밥 먹는 시간이나 화장실에 앉아 있는 시간도 어떻게 하면 잘할 수 있을까 고민한다. 주인은 행동으로 보이고, 개선할 점을 찾는다. 이를테면 식당에서 손님 식탁에 반찬이 부족하면 주인은 손님이 말하기 전에 반찬을 채워 준다. 지금 말하는 주인은 진짜 주인을 의미하지 아니할 수도 있다. 장차 주인이 될 사람을 말한다. 이처럼 주인 의식을 갖고 살아야 장차 주인이 된다. 그러면 다른 사람보다 훨씬 빠른 시간 안에 진짜 주인이 된다. 이렇듯 일하는 모습에서 미래를 예측할 수 있다. 이러한 사람이 장차 리더가 될 사람이다.

그런데 기업에서 일하는 사람한테는 이런 열정을 느끼기가 쉽지 않다. 어차피 남의 회사이니 내 할 일만 하고 월급이나 타겠다는 마음이 직장인의 가슴 깊숙한 곳에 숨어 있기 때문이다.

대충대충 직장 생활을 하는 노예근성으로는 아무 것도 할 수 없고, 아무 것도 이룰 수 없다. 특히 전직을 고려하고 있거나 자신에게 어울리는 일을 찾겠다고 결심할 때, 가장 먼저 자신 안에 배어 있는 이해타산을 재는 노예근성을 버려야 한다. 좀 더 나은 회사, 좀 더 좋은 조건, 좀 더 많은 연봉만을 추구한다면 똑똑한 노예는 될 수 있어도 먼 훗날 스스로 주인이 되는 생활은 이룰 수 없다.

요컨대 내가 주인이 아닐 때, 주인보다 더 열심히 일하라. 내가 주인이 아닐 때, 주인처럼 한번 일을 해보라. 내가 주인이 아닐 때, 주인이 아닌 것처럼 일하면 평생 고용자로 살 수밖에 없다.

누구나 주인이 되고 싶다는 꿈을 꾸고 산다. 하지만 주인의 꿈을 이루는 사람은 정해져 있다. 주인이 아닐 때조차 주인처럼 일하는 사람은 그 꿈을 이루는 지름길을 걷고 있는 것이다.

'병든 주인이 힘센 머슴 몇 배 몫을 한다'라는 말이 있다. 그 이유는? 비록 몸은 병들었지만 머릿속에는 무슨 일을 어떻게 해야 하는가를 늘 생각하고 있기 때문에 그렇다. 그만큼 주인 의식이 중요하다는 이야기이다.

자, 당신은 성공하고 싶은가? 방법은 단순하다. 봉사활동, 농촌 일손돕기 등 무슨 일이든 일을 할 때 내 일처럼 열심히 하는 것이다. 그러면 더 많은 사람이 나를 부를 것이다. 그들이 나를 더 높은 곳으로 올려놓을 것이다.

자신의 일을 최고의 명품으로 만들라

주인 의식의 결여가 성공하는 사람과 실패하는 사람을 구별 짓는 중요한 요소가 된다. 그래서일까. 많은 회사에서 주인 의식을 강조한다. 단순히 직원이 아닌 리더처럼 생각하고 행동하라는 것이다. 이 말의 이면에는 직원이 잘되라는 바람이 숨겨져 있다. 당신이 사장이라면 열심히 일하는 직원을 그냥 내버려두겠는가? 전혀 아닐 것이다. 그러나 사장의 마음을 읽고 배려하는 직원이 드물다. 이는 그리 쉬운 일이 아니다. 성공하는 사람이 적은 이유이다.

하지만 마음가짐을 바꾸면 일을 하는 태도 역시 변하기 마련이다. 주인처럼 일하지 못하더라도 항상 '내가 리더라면 어떻게 처리할 것인가' 하고 고민한다면 결과는 크게 달라질 것이다.

어떻게 생각하면 성공이란 그리 어려운 것이 아닐지도 모른다. 누구나 똑같은 사람이지만 어떤 사람은 실행에 옮기고 또 어떤 사람은 그렇게 하지 못하는 것뿐이다. 철강왕 카네기(Carnegie, Andrew)는 첫 직장으로 방직공장에서 일했다. 그때 그는 공장에서 제일가는 직공이 되겠다고 다짐했다. 그래서 가장 일찍 출근하고 가장 늦게 퇴근하는 열정을 보였다. 또 우편배달부로 일할 때에는 미국에서 제일가는 우편배달부를 꿈꾸었다. 그러면서 우편물을 받는 사람들에게 즐거움을 배달하는 전도사 역할을 하기도 했다.

만일 당신이 청소부라면 베토벤이 음악을 만들듯이, 미켈란젤로(Michelangelo, di Lodovico Buonarroti Simoni)가 그림을 그리는 것처럼 셰익스피어(Shakespeare, William)가 희곡을 쓰듯이 그렇게 거리를 쓸어야 한다. 내일처럼 최선을 다하여 청소를 해야 한다. 만일 당신이 운전수라면 리더가 불편하지 않도록 사소한 부분까지도 신경 쓰는 최고의 운전수가 되어야 한다. 어떤 이유에서 어떤 일을 하든지 그 일을 최고의 걸작으로 만들어야 한다는 의미이다. 도로에서 청소를 하든, 건물 경비를 서든 모두 나의 일을 최고의 걸작으로 만들 때 인생은 아름답게 빛난다.

독일의 심리학자 링겔만(Ringelmann)은 집단 속에서 개인의 공헌도를 측정하기 위해 줄다리기 실험을 해보았다. 일 대 일 게임에서 한 명이 내는 힘을 백으로 할 때, 참가자 수가 늘면 개인이 어느 정도 힘을 쏟는지에 대해 측정했다. 그런데 두 명이 참가하면 93으로, 세 명이 할 때는 85로 줄었고, 여덟 명이 함께 할 때 한 사람은 49의 힘, 즉 혼자 경기할 때에 비해 절반밖에 힘을 내지 않았다. 나머지는 힘을 쓰지 않으면서 목소리만 크게 질렀다.

당신도 무리를 지어 무거운 물건을 든다거나 줄다리기 경기를 할 때 혹은 손수레를 뒤에서 밀 때 온힘을 다해 임하는 사람 옆에서 소리만 크게 지르거나 심지어는 물건에 손만 슬쩍 올려놓고 있는 경우를 본 적이 있거나 경험한 적이 있을 것이다. 이처럼 참가하는 사람이 늘수록 1인당 공헌도가 떨어지는 집단적 심리현상을 '링겔만 효과'라 부른다. 이는 자신에게 모든 책임과 권한이 주어져 있는 일 대 일 게임과는 달리 여러 명 가운데 한 사람일 때는 전력투구하지 않는다는 말이다. 이를 뒤집어보라. 직장의 무리 속에 있는 당신은 전력투구하지 않는다. 열심히 일한다고 하지만 알게 모르게 남에게 의지하면서 소리만 요란하게 지르는 것일 수도 있다. 여기서 전력투구란 사태를 해결하려고 몸 바쳐 모든 힘을 기울이는 것을 의미한다. 정말로 유능한 사람은 조용히 소리 없이 성실하게 일한다. 큰일을 성취했음에도 절대 목소리를 키우며 생색내지 않는다. 여기서 말하고 싶다. 이것이야말로 진정한 주인정신이라고. 그리고 중요한 점을 말하면 주인 의식을 갖고 자신의 일을 최고의 걸작으로 만들기 바란다, 간절히 성공을 꿈꾼다면.

시계는 거꾸로 돌지 않는다

30여 년 전일 것이다. 직장 생활을 하면서 정시에 출퇴근하는 직원, 공공 물건을 함부로 쓰는 직원, 불평불만을 자주 토로하는 직원, 업무에 소홀히 임하는 직원, 이해타산을 따지며 손해를 보지 않는 직원, 다른 사람의 험담을 하는 직원, 봉사활동에 소홀히 하는 직원, 육체적 노동인 수해복구를 회피하는 직원 등은 성공이란 단어와는 거리가 멀다는 것을 알게 되었다. 이들의 가정생활을 살짝 들여다보았는데, 대부분 원만하지 않았다. 일에 애정이 없기 때문이다.

하지만 좋은 자세를 가지고 일에 임하면 성공에 이르는 데 큰 도움이 된다. 주어진 과제가 내 일이라 여기는 경우 짧은 시간에 많은 일을 할 수 있는 방법을 찾기 때문이다. 또한 평소 열심히 일을 하여 능력을 향상시킨 덕분이다. 나아가 거시적인 관점에서 볼 때 열심히 일하는 것이 유리하다는 것을 알고 있기 때문이다. 그들은 더 많이 벌기 위해서는 그보다 많이 줘야 한다는 사실 또한 알고 있다. 내가 나 자신만을 위한다면 사회가 그런 행위를 제한하려 할 것이고, 공익을 해치는 나의 행위가 점점 커지면 하늘이 나서서 제어할 것이다. 운명도 마찬가지이다. 내가 세상을 이롭게 한다면 세상은 내게 무엇을 주겠는가? 뻔하다. 세상은 스스로를 공적으로 이롭게 하는 존재이므로, 내가 세상을 이롭게 하면 세상이 나를 발전시키려 애쓸 것이다. 그 때문일까. 그들은 어떤 방법으로든 보상을 받게 된다.

  반면 요령을 피우고 절대 손해 보지 않으려 양보하지 않는 사람은 절대로 손해를 보지 않는 듯 보이지만 장기적으로 볼 때는 그렇지 않다. 더구나 가정생활에서 부를 획득하려는 성취도가 낮았으며, 직장에서도 이렇다 할 성과를 내지 못하여 인정받는 경우가 아주 낮았다. 돈도 생각지도 않은 사건 사고를 당하여 잃게 되었다. 나아가 아이에게까지 그 영향이 미쳐 아이가 부자가 되거나 성공하는 데 걸림돌이 되었다. 이를테면 아이의 건강이 나빠지고, 번듯한 직장에 다니지도 못하고, 수입도 변변치 않고, 사건 사고 등을 자주 겪게 된 경우이다. 이때 간과해서 안 되는 것이 아이는 관리 대상이 아니라 스스로 자기 주도적으로 할 수 있도록 여건을 조성해 주는 것이다. 부모의 열정이 부족하여 아이에게 좋은 DNA가 전달되지 않기 때문이다. 그리고 부모의 이기심 때문에 타인으로부터 도움을 받지 못한다.

표면적으로는 사람들 모두 저마다의 인생을 살아가고 있는 것처럼 보이지만, 실로 얼마나 많은 사람이 남의 인생을 살고 있는지 모른다. 당신이 지금 자신의 인생을 살아가고 있는지, 그렇지 않으면 남의 인생을 살고 있는지에 대해 알고 싶다면 우선 당신의 하루 일과를 펼쳐놓고 점검해 볼 필요가 있다.

아침에 일어나 잠자리에 들기까지 당신의 행동 하나하나를 주의 깊게 들여다보면 자신의 삶에 대해 자가진단을 할 수 있다.

아침에 눈을 뜨자마자 단 몇 분만이라도 그날 하루의 일과를 계획하는 일에 시간을 할애한다면 당신 자신의 인생을 살고 있는 것이다. 하지만 간밤의 소식이 궁금해 뉴스를 시청하고자 텔레비전 리모컨을 들었다면 남의 인생을 사는 것이다. 그리고 저녁 식사 후 텔레비전의 드라마에 흥미를 갖고 있다면 이 또한 당신은 남의 인생을 사는 것이다.

내친김에 좀 더 이야기를 펼쳐보자. 출근하여 컴퓨터를 부팅한 다음 인터넷 포털 사이트에서 제공하는 각종 뉴스와 전날 방영된 드라마 뒷얘기를 탐독한다면 남의 인생을 사는 것이다. 근무 시간임에도 불구하고 커피 한 잔에 담배 한 개비를 들고 수시로 자리를 비우면서 잡담을 하거나 전날 저녁 시청한 텔레비전 드라마 얘기를 하거나 동료 직원과 회사나 상사에 대한 불평불만을 늘어놓는다면 남의 인생을 사는 것이다. 그리고 퇴근길에 친구들과 술집에서 상사나 동료에 대해 험담을 하거나 진보니 보수니 하는 이념 논쟁을 벌이는 데 열을 올린다면 남의 인생을 사는 것이다. 스마트폰이나 페이스북을 들여다보면서 하루에 몇 시간씩 보낸다면 역시 남의 인생을 사는 것이다. 전날 과음으로 다음날 머리가 아파 업무에 지장을 초래한다면 이 또한 남의 인생을 사는 것이다.

일반적으로 자신의 하루를 들여다보면 낭비하고 있는 한두 시간을 찾을 수 있다. 그러면 남의 인생을 사는 것이다. 마치 하루를 바쁘게 사는 듯 보이지만 그 시간이 타성에 젖어 그저 흘러가는 것이라면 어떻겠는가?

삶에는 생산적인 시간과 소비적인 시간이 있다. 당신이 생산적인 시간으로 하루를 영위한다면 리더의 삶을 살고 있는 것이다. 하지만 소비적인 시간에 관심을 쏟으면 반대 상황이다.

그렇다면 나의 하루를 되돌아보면서 어떤 삶을 살고 있는지 분석해 보라. 이때 중요한 것은 평소 나의 삶이 주체적이지 못하면 평생 리더로 살 수 없다는 점이다. 모든 것은 지금 이 순간이 중요하다. 따라서 풍요로운 수확을 거두기 바란다면 직장 생활을 시작하는 초기부터 내가 아닌 남의 인생에 더 많은 관심을 갖고 한층 궁금해 하면서 하루에 한두 시간일지라도 절대 낭비하지 않으며 살아가기 바란다. 흘러간 시간은 되돌아오지 않기 때문이다.

세상을 넓게 그리고 깊게 바라보라

사람들의 뇌도 자연과 더불어 과거와는 다른 발달 양상을 보인다. 어렸을 때부터 스마트폰이나 인터넷을 자주 접한 어린이의 뇌는 넓은 공간을 인지하는 해마와 후두엽은 위축되는 반면 기계적이고 자잘한 시각적 자극에 주로 반응하는 전두엽이 상대적으로 더 발달하게 된다. 뇌도 근육과 같아서 활용하면 할수록 쓰는 부위가 더 발달하게 된다. 인간과 인간, 또는 인간과 자연이 상호작용하면서 자연스럽게 발달되는 감성영역을 관장하는 측두엽 역시 상대적으로 위축된다는 보고도 있다. 이 보고를 염두에 두기 바란다.

과도한 디지털 기기 사용이 새로운 심리 질환이나 행동 장애를 유발하고 있다고 하면 지나친 과장일까? 그런데 이게 현실이 되어

버렸다. 이 새로운 질환은 현대 어린이들에게 주로 나타나는 주의력결핍장애[ADT]와 비슷하다. 어디 어린이만의 문제인가. 이 증상의 특징은 산만함, 초조함, 재촉, 충동적 행동 등을 꼽을 수 있다. 결과 학교 폭력, 청소년 성폭력, 비행 청소년이 발생하는 원인을 제공하고 있다. 정보 홍수와 관련된 심리적 문제는 이밖에도 많이 발생한다.

    도서관에서 공부하면서 종종 목격하는 광경이 있다. 아주 많은 청소년들이 공부는 뒷전이고 스마트폰 화면에 빠져 있다. 그 광경을 볼 때마다 가슴이 사뭇 아려 왔다. 한참 공부해도 부족할 텐데 공부는 뒷전이고 기기 속에 빠져 있기 때문이다.

    초·중고생의 30퍼센트 정도가 하루 3시간 이상 스마트폰을 사용하고 있는 것으로 나타났다. 이는 성인도 성인이지만 충동 조절 능력이 성인보다 약한 청소년의 과다 사용이 심각한 문제이다. 스마트폰은 과거 휴대전화나 개인 휴대정보기보다 고화질 화면을 제공한다. 그렇지만 이렇게 작은 액정화면을 흔들리는 곳이나 어두운 곳에서 장시간 보면 눈에 무리가 오는 것은 당연하다. 심하면 두통까지 동반하게 된다. 특히 문제가 되는 것은 정신을 갉아먹는 중독 증상이다. 스마트폰 중독률은 인터넷 중독과 마찬가지로 우울증, 불안, 수면장애, 금단현상 등을 가져올 수 있다. 학습은 물론이고 일상생활을 해 나가는 데 지장이 생긴다. 어쩌다 스마트폰이 손에 없거나 배터리가 닳으면 불안해하고 초조함을 느낀다.

뿐만 아니라 인간관계나 가족 관계에도 엄청난 영향을 미친다. 우리가 지난 10년 동안 기술과 인간의 상호작용에 대해 조금이라도 깨달은 게 있다면 바로 이 점일 것이다. 스크린을 사용할수록 인간 대 인간의 직접적인 상호작용은 그만큼 줄어든다. 우리는 이러한 현실을, 즉 타인과의 관계가 기술로 인해 삐거덕하거나 방해받는 소소한 순간을 매일 경험한다. 휴대전화가 울리면 대화는 중단되고 눈과 뇌가 스크린으로 빨려 들어가면서 상대방의 목소리는 점차 잦아든다.

상대방의 입장에서는 짜증나는 일이겠지만 결국 우리 모두 가해자인 셈이다. 소중한 사람과 함께 대화를 나누고 있는 순간을 떠올려 보라. 친한 친구와 점심을 먹거나 가족 간의 대화 중 휴대폰 벨이 울리는 순간 말이다. 언뜻 보기에는 그 순간에 완전히 몰입하는 것처럼 보이지만 저 멀리서 당신을 부르는 또 다른 목소리를 기다리면서 아주 잠깐 집중하는 것이다. 휴대전화가 조금이라도 진동하거나 작은 소리만 내면 당신은 바로 휴대폰을 귀에 대고 그 자리를 뜰 것이다. 바로 앞에 있는 사람보다 휴대폰 속의 사람이 더 중요하다는 뜻 아닐까? 회의하다 말고 하나둘 자리를 뜨는 것처럼 말이다. 우리는 하루에도 몇 번씩 이러한 광경을 종종 목격한다.

가족과 함께 있을 때도 그러한 상황이 발생한다. 우리는 보통 저녁을 먹고 나면 모두 거실에 둘러앉아 대화를 나누곤 한다. 가족 간의 대화로 아늑한 분위기를 연출한다. 어릴 적엔 겨울이면 안방 화롯가에 옹기종기 모여 앉아 웃음꽃을 피우며 시간을 보내곤 했다.

하지만 지금 상황은 어떤가? 대화는 사라지고 텔레비전에 정신이 팔려 있다. 그 다음 상황은 이렇다. 누군가 화장실에 간다거나 물을 마시러 간다고 하더니 다시 돌아오지 않는다. 10분쯤 지나면 또 다른 가족 구성원이 휴대폰을 들고 자리를 떠난다. 이렇듯 하나둘 모두 장소를 옮긴다. 이 사람들이 도대체 어디로 갔을까?

당연히 스크린이다. 우리는 요즘 매일 스크린에 빠져 산다. 디지털 군중은 어디든 밀치고 들어올 수 있다. 온 식구가 단 30분도 함께 모여 대화를 나누지 못한다. 이 과정에서 잃은 것은 매우 소중해서 그 가치를 측정할 수도 없다. 생각해 보면 측정할 수도 없고 스크린으로 대신할 수도 없는, 다른 사람과 함께 보내는 이 소중한 시간이야말로 우리가 사는 이유가 아닐까? 한 가지 분명한 사실은 상대를 앞에 두고 대화하는 것보다 더 친밀하고 정성스러우며 애정이 듬뿍 담긴 대화를 지속할 수 있다는 것이다. 그런 반면 과거에는 편지가 안부를 묻고 대화를 나누는 유일한 통신 수단이었다.

오늘날에는 이메일이 그와 비슷한 역할을 수행하지만 예전 사람들이 편지에 들였던 정성만큼 이메일에 정성을 쏟는 경우는 드물다. 새로운 메일을 작성할 때 누르는 버튼은 함축된 단어로 한정되어 있다. 우리는 이메일을 얼마나 잘 썼는지, 심지어는 틀린 글자가 없는지 확인하지도 않고 보내기에만 급급하다. 받는 메일도 대충 훑어본다. 종종 받는 메일 내용 중에서 오자를 발견한다. 깊이 생각할 시간도 숨고를 시간도 없다. 스크린은 그렇게 끊임없이 시간을 요구한다.

스크린을 자주 접촉하는 습관이 몸에 배면 사람과의 관계도 대수롭지 않게 여기게 된다. 누구에게나 쉽게 접근할 수 있기 때문에 인간관계는 더 이상 특별하거나 중요하게 느껴지지 않는다. 오히려 함께 있는 시간조차 부담스러워한다.

이렇듯 사람은 사고와는 관계없이, 하루하루 활동을 하면서 살아간다. 그리고 대부분의 사람들은 쾌락을 즐긴다. 이는 힘들고 어려운 사고를 회피하려는 것이다. 즐길거리가 없어지면 생각해야 하기 때문에 스마트폰, 오락, 게임, 텔레비전 등의 놀랍고 편리하고 신기한 것을 무제한 제공해 주는 이들 장치에 의존하게 되는 것이다. 즉 여가 시간 대부분을 생각 없이 보내고 있는 것이다. 그 결과 그 이상도 아니고 그 이하도 아닌 지금 우리들 자신의 모습 그대로인 것이다.

이 현실을 어쩌란 말인가? 이대로 마냥 두고 볼 수 없는 노릇 아닌가. 검색을 사색으로 바꾸는 것, 자극적이고 폭력적인 인터넷 문화를 바로잡는 것이 우리들 모두에게 주어진 과제이리라. 따라서 우리 모두가 지금부터라도 세상을 넓게 그리고 깊게 보는 훈련을 시작했으면 한다.

중요한 것을 잃어 가고 있는 우리들

내친김에 발달된 디지털 문화의 문제에 대하여 살펴보자. 스크린은 개인과 기업을 비롯한 다양한 조직에 필요한 업무를 손쉽게 해결해 주었다. 편리함과 즐거움을 제공할 뿐 아니라 세상을 한 걸음 더 가깝게 만들어 주기도 했다. 하지만 스크린을 통한 네트워크가 촘촘해질수록 우리의 일상은 정신없이 바빠졌다. 그로 인해 가장 중요한 것을 잃고 말았다. 바로 시간을 두고 천천히 느끼고 깊이 생각하는 방법이다. 인간미가 점차 사라져 가고 있다. 우리는 이를 두고 깊이라는 한 단어로 표현할 수 있다. 사고와 감정의 깊이, 인간관계의 깊이, 우리가 하는 모든 일의 깊이가 사라지고 있다. 충만하고 의미 있는 삶의 핵심인 깊이가 사라져 간다는 것은 충격적인 일이 아닐 수 없다.

모바일에 지나치게 의존하면 기존에 가지고 있던 능력을 잃어버리게 된다. 요즘 아이들이 긴 글을 잘 읽지 못하고 쉽게 짜증을 내는 것이 대표적인 예이다. 또 빠르게 검색하는 능력은 제고됐지만 진중하게 사물의 본질을 파악하는 사고 능력이 점차 퇴화되고 있다. 특히 기억력 감퇴가 문제가 된다. 검색하면 다 나오기 때문에 모바일 세상에서는 사람이 무언가를 구태여 기억할 필요가 없어졌다. 결국 자신이 가지고 있던 좋은 점을 잃어버리는 현상이 일어난 것이다.

따라서 인터넷에 너무 의존하지 마라. 텔레비전과 친구하지 마라. 스마트폰에 너무 많은 시간을 할애하지 마라. 또한 페이스북에 너무 많은 시간을 투자하지 마라. 정작 내 꿈을 이루기 위한 소중한 시간을 낼 수 없다.

종종 인터넷으로 찾으면 금방 알 수 있는데 무엇 하러 기억하느냐는 경우가 있다. 사실 요즘은 스마트폰으로 더욱 쉽게 필요한 정보를 얻을 수 있다. 그래서 다양하게 알지만 그 깊이는 얕다. 그리고 눈으로 보고 그치게 되면 기억이 오래 남지 않게 된다. 같은 지식도 자주 검색하게 되는 일이 생기는 이유이다. 지식이란 단지 안다는 차원을 넘어 깊게 생각해야 쌓이게 된다. 다양한 정보를 안다는 것이 지식의 깊이가 될 수는 없다. 그것은 그저 기계에 저장되는 수준에 불과한 것이다. 삶의 깊이는 많이 사유해야 생기는 것이다.

생활 속에서 가끔 머릿속으로 기억된 숫자를 몇 번이고 떠올리다 보면 '왜 이럴까' 하는 의문이 생길 때가 있다. 눈앞에 있는 현상만 보일 뿐 보이지 않는 큰 이익은 보지 못한다. 인생을 얕게 살다 보니 깊이를 볼 수 없는 것이다. 즉 몸이 건강하지 않다고 하면 그 사람의 생각과 보이지 않는 곳에서의 행동을 알 수 있고, 얼굴을 보면 과거 생활 모습을 유추해 볼 수 있다. 언행이나 태도를 보면 앞으로 성공할 수 있는지 예측이 가능하다. 절대로 인터넷 검색에서 나오는 생각은 아니다. 또 머릿속에 입력해 두면 언제 어디서든 생각한 결과 눈에 보이지 않는 부분도 제대로 볼 수 있다. 때로는 변형이나 유추, 모방, 창조도 가능하다.

세상은 지금 읽기를 잊어 가고 있다. 점차 보는 것에만 익숙해지고 있다. 보는 것에만 익숙해지면 기억력을 잃게 된다. 텔레비전과 인터넷, 스마트폰은 보는 것이고 책과 신문은 읽는 것이다. 이는 아는 것과 알아내는 것의 차이다. 알아내는 것이 발전되어 지혜로 탄생된다는 사실. 인터넷과 스마트폰은 그냥 아는 것을 확인하는 것이고, 책과 신문은 새로운 것을 읽은 후 뇌에 저장하는 단계를 밟는다. 종이의 질감을 직접 만지고 체득해야 뇌에 저장된다. 우린 명품과 명차 등 사치스러운 것과 아파트 평수 확장에 급급한 나머지 지적 능력 향상에는 실패한다.

사실 게임과 트위터에 빠진 젊은이를 책과 신문으로 인도하는 건 디지털을 아날로그로 바꾸는 것처럼 불가능할지 모른다. 애플의 스티브 잡스(Steve Jobs)나 마이크로소프트의 빌 게이츠(Bill Gates) 같은 젊은 영웅이 로댕(Rodin, François Auguste René)의 생각하는 사람처럼 한결같이 생각하는 사람이었다. 지금도 손에서 책을 놓지 않을 정도로 독서에 열중이다.

인생은 결국 자신이 원하는 대로 흘러간다. 지금 이 순간 자신이 처한 환경이나 상황은 그것이 좋든 나쁘든 과거에 자신이 구상한 결과이다. 그래서 자신이 미래에 어떻게 될 것이라고 상상하면 정말로 그렇게 될 가능성이 상당히 높다. 가능한 한 미래에 대하여 밝은 쪽으로 생각하라. 미래를 부정적으로 생각하는 것은 아무런 이익이 되지 않는다. 자신은 물론 가족, 주변 사람들까지 피해를 입게 된다. '미래의 내 모습은 이렇게 되어 있을 거야. 그렇게 되려면 이러한 노력을 해야지' 등 긍정적인 방향으로 목표를 세우면 실현 가능성은 그만큼 커진다.

욕구는 창조적인 근원이다

곡식이나 채소 따위에는 씨가 있고, 물에는 샘이라는 근원이 있듯이 행동의 밑바탕에는 생각이라는 근원이 있다. 바위틈에서 흘러나오는 물 역시 오랜 기간에 걸쳐 조용히 진행된 자연의 산물이다. 이런 이유로 우리의 행동 하나하나는 오랫동안 마음속에서 조금씩 성장한 결과물이자 오랜 여정을 거쳐 생성된 성과물이라 할 수 있다. 갑자기 모습을 드러내는 경우는 결코 없다. 그래서 마음을 외모의 뿌리라 할 수 있는 것이다. 즉 언행은 마음이 겉으로 드러난 것이다. 결과 그 사람의 행동을 관찰해 보면 앞으로 재앙이 있을지, 행운이 있을지 알 수 있다고 하면 너무 앞서 가는 것일까?

축복받아야 할 아름다운 행동이나 벌을 받아야 할 사악한 행동도 마음속에 오랫동안 머물렀던 생각이 표출된 결과물이다. 요컨대 마음속으로 자주 되풀이 되는 생각은 그것이 좋은 것이면 좋은 대로 나쁜 것이면 나쁜 대로 표면적으로는 얼굴에, 내면적으로는 인격과 환경에 영향을 주게 된다. 주어진 환경을 직접 바꿀 수는 없겠지만 나의 생각만큼은 내 마음대로 움직일 수 있으므로 의식적으로나마 환경을 조정할 수 있다.

주변 사람들로부터 신뢰를 받던 사람이 어느 날 갑자기 불경한 행동을 했다는 얘기는 가끔 접했을 것이다. 이때 그 사람이 거기까지 이르게 된 과정이 만천하에 드러난다면, 그 타락이 갑자기 일어난 것이 아님이 밝혀질 것이다. 그 타락이란 여러 해 전에 이미 마음속에서 싹을 틔운 후 조금씩 자란 것이 지금 결과물로 나타난 것이다.

말하자면 이렇다. 처음에 어떤 잘못된 생각이 그의 마음속에 들어왔다. 이어서 그 생각이 다시 찾아왔을 때에도 그리고 그 다음에 또 찾아왔을 때에도 그것을 받아들였다. 그것을 마음속 깊이 간직하고 있었던 것이다. 그러자 그는 그 생각에 동요 되면서 편안하게 느낄 뿐만 아니라 그것을 끌어안게 되었다. 그러자 그 생각은 그의 마음속에서 계속 성장하여 결국 강력한 힘을 갖기에 이르렀다. 그 생각 자체가 성숙해서 외부로 모습을 드러내기에 충분할 정도로 강력한 힘을 갖게 되었기 때문에 외부 행동으로 나타난 것이다.

거짓이 없이 말 그대로 숨겨져 있던 것이 드러나지 않는 경우는 하나도 없다. 마음속에 머물러 있던 생각은 이 우주를 움직이는 에너지와 같은 힘을 얻어서 최종적으로는 그 성질에 따라 선량한 행동 혹은 악한 행동으로 나타난다.

속되지 아니하고 훌륭한 교사나 난봉꾼도 나의 생각에 의해서 만들어진다. 즉 자신이 마음이란 정원에 뿌린 생각의 씨앗을 관리하면서 키운 결과를 지금 맞이하게 되는 것이다.

그런 일환으로 성공한 사람의 비결을 들어 보면 그의 행동이 독특함을 엿볼 수 있다. 그 중 하나는 꿈이나 목표가 생기면 그것을 달성할 때까지 아침저녁 간절히 염원한다는 점이다. 다른 사람이 보기에 황당해 보일 것이다. 종교적인 이유가 있는 것도 아니고, 그저 목표를 향해 빌면 이루어진다는 건가 하고 말이다. 그러나 엄연한 사실이다. 그들은 이미 여러 차례 그렇게 마음을 다하여 간절한 염원으로 작은 목표를 이루어 오고 있었다.

사실 많은 사람이 기도의 위력을 경험한 적이 없을 것이다. 하지만 무엇인가 커다란 업적을 이룬 사람의 생활을 자세히 살피면 기도는 결실을 거두는 필수 불가결한 강력한 마인드 컨트롤(mind control) 중의 하나임에 틀림없다. 기도의 대상이 그 누구든 상관없다. 성공한 사람이 매일 아침저녁으로 기도하는 데는 다 이유가 있다. 먼저 하루의 시작인 아침에 돈을 벌 수 있게 해달라고 염원함으로써 그날 하루 돈을 벌고자 하는 집념을 강화한다. 기도가, 아침에 차갑게 식어 있는 머릿속에 소원을 집어넣는 것이다. 그러면 무의식중에 돈 버는 일에 대한 집중력이 높아진다. 생활하면서도 모든 일에서 돈 버는 일에 접목하는 방법을 찾게 된다. 그 결과 기도는 돈을 벌 기회가 오는 결정적인 순간에 힘을 발휘한다. 심리학에서 말하는 조건반사처럼 돈을 벌 수 있는 집중력이 증대되어 촉각이 곤두서게 된다. 머릿속에는 오로지 돈 벌어야 한다는 생각으로 가득하기 때문이다.

　이와 같이 신에게 도와 달라 하고, 긍정적으로 평가하는 것은 나의 사고 습관을 바꾸기 위함이다. 일반적으로 정신적이든 육체적이든 같은 행동을 자주 반복하면 곧 습관이 된다. 이러한 정신 활동의 근본적인 목적은, 특정한 사고가 습관이 되도록 지속적으로 반복하는 것이다. 그러면 그 사고는 놀라운 힘을 발휘해 현실로 이루어진다. 이런 이유로 나의 긍정적인 모습이 습관이 될 때까지 사고해야 한다. 그런 후 그 모습이 나의 모습이라는 확신이 설 때까지 간절한 마음을 담아 반복하는 것이 무엇보다 중요하다.

　현재 우리란 존재는 이제껏 우리들 각자가 생각해 온 바의 결과물이라 할 수 있다. 뿐만 아니라 우리 생각 위에 쌓여 있으며, 우리의 과거 생각에 의해 만들어졌다. 나아가 지금 생각이 미래를 만들어 가는 것이다.

조용히 눈을 감고 생각해 보라. 당신은 지금 행복한가? 그렇다면 당신이 지금 행복하다고 생각하기 때문이다. 혹은 당신이 두려워하고 있든 아니든, 편안하든 그렇지 않든 지금 당신의 감정은 당신의 외부가 아닌 마음속에 가로놓여 있다.

지금까지 장황하게 설명한 것을 간단히 요약하면 이렇다. 사람의 의지나 기대 심리가 운명을 원하는 대로 만든다고 할 수 있다. 행복과 불행이 나의 마음에서 비롯되는 것처럼 운명 또한 나의 의지에서 비롯되기 때문이다.

파레토 법칙(Pareto Principle)의 대상자는?

일을 하기 전에는 어떻게 가야 가장 빨리 갈까를 생각하고 정확한 계획을 세워라. 마트에 가기 전에는 무엇을 살 것인가 메모를 하든가, 생각을 한 후에 가라. 내 경험에 비추어 보면 행동하기 전에 생각을 하고 계획을 세워 행동하면 해야 할 일이 절반으로 줄어들게 된다. 덤으로 시간도 절약된다.

하지만 일이 미숙할수록 생각하기 전에 행동이 앞선다. 자기도 모르는 사이 마구잡이식으로 일을 시작해 버린다. 그 결과 중간쯤 하다가 일이 잘못되었다는 사실을 깨닫게 된다. 처음으로 다시 돌아가 꼼꼼히 체크해 본다. 확인하는 데 몇 배의 시간이 낭비된다. 전화 한 통화로 끝낼 일을 끊었다가 다시 걸어 다른 내용을 물어

보는가 하면 심지어 서너 통화씩 하는 경우도 있다. 지금까지 많은 후배 직원이 일하는 모습을 지켜보며, 민원인들의 전화를 받으면서 이러한 행동으로 얼마나 많은 노동과 시간이 허비되는지 절감하였다.

아침에 일어나면 '오늘 무엇을 할까' 생각해 보라. 잠자기 전에도 하루를 반성해 보라. 음식을 접할 때에도 과식하지 않도록 '어떤 방법으로 먹을 것인가'를 염두에 두면서 먹어라. 차를 끓이는 사소한 일도 생각하라. 차 대접하는 것은 지극히 일상적인 일이기 때문에 소홀하기 쉽다. 커피 알맹이조차 녹이지 않고 성의 없이 커피 타는 일을 흔히 볼 수 있다. 단지 컵에 따르는 것이 전부가 아니다. 물의 양을 얼마나 할까? 차의 양은? 마음가짐은? 어느 것 하나 건성으로 할 수 없다. 똑같은 차라도 맛과 향이 다르기 때문이다. 게다가 차에 담긴 마음은 마시는 사람에게도 그대로 전달되기 때문이다. 무슨 일을 하든 생각한 후 행동하는 습관을 들이면 많은 시행착오를 줄일 수 있다.

자, 이제는 생각을 직접 실천해 보라. 훌륭한 생각, 멋진 아이디어를 가진 사람은 무수히 많다. 그러나 행동으로 옮기는 사람은 드물다. 생각을 행동으로 실천하는 경우는 전체의 20퍼센트 정도라고 한다. 그리고 실천이라는 행동을 지속하는 사람은 다시 그 중의 20퍼센트에 불과하다고 한다. 여기에도 그 유명한 파레토 법칙이 적용되는 것 같다. 이는 원래 사회 전체의 부 중 80퍼센트를 20퍼센트의 사람이 차지하고 나머지 20퍼센트의 부를 80퍼센트의 사람이 차지한다는 소득분배에 관한 경험적 법칙을 일컫는다.

이 파레토 법칙은 개미 무리의 관찰에서도 나타났다. 개미 무리는 모두 열심히 일한다고 생각한다. 하지만 실상 열심히 일하는 개미는 무리 중 20퍼센트이며, 열심히 일하는 20퍼센트의 개미를 따로 분류해 모아 두면 다시 그 중의 20퍼센트만이 열심히 일한다고 한다.

많은 사람이 부, 명예, 승진 등을 바라면서 신에게 계속 기도한다. 하지만 그들의 기도는 쉽사리 이루어지지 않는다. 왜 그럴까? 기도만 열심히 했지 실제로 자신이 바라는 것을 실천하지 않기 때문이다. 즉 씨앗을 뿌린 후 거두려고만 했지 제대로 관리하지 않았기 때문에 이루어지지 않는 것이다.

따라서 생각하고 그것을 실천으로 옮기고 또한 그 행동을 지속할 수만 있다면 당신은 자동으로 상위 4퍼센트 안에 들어갈 수 있다. 왜냐하면 전체의 20퍼센트의 20퍼센트는 전체의 4퍼센트에 해당하기 때문이다. 4퍼센트 안에 들었다면 당신은 성공한 것이나 다름없다. 다만 시기가 도래하지 않았을 뿐이다.

그렇다면 행동을 지속할 수 있는 방법이 뭘까? 인생의 3분의 1인 휴일을 최대한 활용하는 것이다. 그런데 휴일 활동에서는 다른 분야보다 상위 4퍼센트에 들어갈 확률이 한층 높아진다. 왜냐하면 자신이 흥미를 가지고 있는 일, 좋아서 하는 일을 휴일 활동의 대상으로 하고 있기 때문이다. 참고로 좋아하는 일을 지속하다가 과로사하는 사람은 절대로 없다.

사실 우리들 대부분이 성공해서 남다른 삶을 살아가고 싶고, 더 나아지기를 원하면서도 늘 그 자리에 머물고 있는 경우가 많다. 그렇다면 공부를 못하는 학생과 잘하는 학생, 불행한 사람과 행복한 사람, 실패한 사람과 성공한 사람의 차이는 어디에서 나올까? 바로 생각하고 실천하는 데 있다. 원하는 것이 달라서가 아니다. 실천 여부가 다르기 때문이다.

생각하고 아는 것만으로는 안 된다. 몸소 실천할 때 완전히 나의 것으로 이루어지는 것이다. 성공하는 사람의 비율이 낮은 기본 원인이 여기에 있다. 대부분의 경우 아는 것에 만족한다. 그러나 성공한 사람은 본인이 배우고 느낀 것을 꼭 실천해서 이루어지게 만든다는 사실을 기억하기 바란다.

자신과의 적극적인 대화가 풍요로움을 만든다

뉴턴(Newton, Sir Isaac)에게 중력을 어떻게 찾아냈는지에 대해 묻자 "중력에 대해 아주 많이 생각했다"고 대답했다. 정말 멋진 대답이지 않은가! 자기부정, 공포, 혼란, 좌절 그리고 결핍감은 생각하는 과정의 일부이다. 그렇기 때문에 침착함을 유지하면서 계속 생각해야 한다. 또한 불확실성과 지루함을 느낄 때마다 괴롭더라도 웃으면서 맞이하라. 그것들은 변화의 전주곡이다. 마찬가지로 아무 일도 일어나지 않는다고 해서 자신을 너무 꾸짖지 마라. 계속 그 상태로 있으면 결국 뭔가가 일어난다.

더 열심히 일할수록 더 좋아진다. 더 선명하게 확신하게 된다. 아인슈타인(Einstein, Albert)은 상대성 이론을 연구하던 중 종종 우울해

하고 그리고 가끔은 절망감을 느꼈다고 한다. 그는 불과 5주 동안 최종 이론을 정리했지만, 이는 7년 동안 끊임없이 질문하고 생각한 결과였다.

인도의 초대 총리였던 자와할랄 네루(Jawaharlal Nehru)는 "모든 이데올로기의 종점은 행동이다"라는 말로 변화와 실천의 중요성을 강조했다.

책을 읽는다는 것은 내 생각을 변화시키고 새로운 삶을 꿈꾸는 적극적인 행동이다. 책도 머리로 읽는 것이 아니라 온몸으로 읽어야 한다. 자신과의 적극적인 대화이며 성찰의 시간이기 때문이다. 머리로 읽은 책은 행동으로 이어지지 않는다. 온몸으로 책을 읽은 사람은 저자의 생각을 비판하기도 하고 벼락 같은 깨달음을 내면화하기도 한다. 그것은 고스란히 우리 삶의 자양분이며 변화와 실천을 위한 밑거름이 된다.

한때 『아침형인간』이 베스트셀러가 된 때가 있었다. 많은 사람이 그 책을 읽었다는 의미이다. 그리고 『칭찬은 고래도 춤추게 한다』가 베스트셀러였을 때도 있었다. 하지만 이 책을 읽은 이가 정말 아침에 일찍 일어나고 칭찬을 잘할까? 읽었을 때는 자신의 삶을 돌아보고 다부지게 다짐도 하겠지만, 실제로 실천하고 습관으로 굳히는 사람은 거의 없다. 머리로 읽기 때문이다.

그렇다면 책을 읽는다는 게 무슨 소용이 있겠는가? 책을 많이 읽는 것이 결코 좋은 것만은 아니다. 100권의 책을 읽으면 무엇하랴. 책을 읽고 생각만 한다는 건 소용이 없다. 책은 가슴으로 천천히 생각하면서 읽어야 한다. 그래야 행동으로 옮길 수 있다. 책을 읽기 전과 후에 변함없이 똑같은 사람이라면 그 책을 읽지 않은 사람이다. 책이란 읽는 것 그 자체만으로는 그다지 의미가 없다. 읽고 행동하고 스스로 변화를 도모하지 않으면 현실은 아무것도 변하지 않는다. 즉 책을 읽었으면 행동으로 옮기는 노력이 뒤따라야 한다. 책에서 나오는 말들, 어쩌면 우리가 모두 다 알고 있는 이야기일 수도 있다. 하지만 정작 우리가 그렇게 살지 못해서 자꾸 책 속에서 답을 찾으려 하는 것인지도 모른다.

공을 들여 실천한 만큼 원하는 것을 얻을 수 있다. 세상은 한 치의 오차도 없이 맞물려 돌아간다. 그래서 세상은 그렇게 매몰차지도 않다. 받은 만큼 누군가에게 주어야 하고, 내가 준 만큼 누군가로부터 받게 되어 있다.

사람들은 흔히 종교가 있다고 말한다. 하지만 종교에서 가르쳐주는 말씀처럼 『성경』을 읽으며 강론을 듣고, 설교를 들은 후 행동으로 옮기는 경우는 그리 많지 않은 것 같다. 때문에 『성경』을 백번 천번 읽으면 뭐하나? 불경을 백번 천번 읽으면 뭐하나? 그렇게 말만 그럴 듯하게 하고 행동하지 않는다면 차라리 읽지 않는 편이 낫다. '백문이 불여일견'이라는 말처럼.

휴식이 우리의 기분에 긍정적인 영향을 미치고, 집중과 관심을 확대해 줄 수 있다는 점에서 기다림과 인내의 행위는 사색과도 연관이 깊다. 인내는 정말 중요하다. 따라서 서두르거나 일찍 포기해서는 안 된다. 큰 생각은 작은 생각을 오래 하는 동안 점층적인 성장 과정에서 생겨난 결과물이기 때문이다.

내일을 위해 배우고 익혀라

비가 온 뒤 땅이 굳어지는 법. 수많은 실수와 실패를 거듭하면서 원리를 깨닫게 되고 그리고 초보자 수준에서 전문가라고 불리는 수준을 뛰어넘어 마침내 고수, 도사의 수준에 이르게 되는 것이다. 평범한 사람도, 아니 비록 어린 나이일지라도 어느 한 분야에서 10년 이상 노력하다 보면 그 분야의 전문가가 될 수 있다. 하지만 이 과정은 말로 다할 수 없는 피눈물을 흘려야만 가능하다. 학문이든, 예술이든, 운동이든 모든 분야에서 예외 없이 고통이라는 똑같은 과정을 겪어야만 장인이 탄생한다.

이 과정을 겪은 후 비로소 일을 하며 즐거움을 느끼기 시작한다. 하기 싫은 공부도 10년 이상 꾸준히 하다 보면 습관화되어 즐겁다는 생각이 든다. 그래서인지 50이 넘은 나이에도 불구하고 잠 못 이루는 희열을 맛보기도 한다. 이때부터 실력이 일취월장한다. 말하자면 자신이 해 오던 일에서 보통 사람은 보지 못하는 통찰력과 심미안이 생겨 자연히 성공의 길이 보이게 된다. 한 분야에서 통찰력이 생겨 혜안을 갖게 된다는 말이다. 다시 말하면 자동차 수리공은 엔진소리만 들어도 차량 상태나 어디가 고장인지 알 수 있고, 장사하는 사람은 돈이 가는 길이 보이고, 의사는 환자 얼굴만 보아도 어디가 아픈지 알 수 있게 되는 경지에 도달하게 된다.

그래서일까? 성공한 사람들에 관한 연구의 최고 권위자인 진 랜드럼 박사(Gene N. Landrum)는 20년의 시간을 강조한다. 그는 "스포츠 스타가 운동 기술을 제대로 숙달하는 데 대략 10여 년이 걸렸고, 그 이후 운동 기술을 제대로 통달하는 데 또다시 10여 년이 걸렸다"고 말한다.

이러한 사실을 토대로 보면 스포츠 스타는 분야와 관계없이 20년이라는 시간이 걸려 최고가 됐다. 타이거 우즈(Eldrick Tiger Woods)는 걷기 시작했을 때부터 골프를 배웠고, 여섯 살에 첫 승자 진출전에 출전해 첫 우승까지 약 10년 걸렸다. 우즈는 세 살 때 골프로 텔레비전에 첫 출연한 이후 21살 때 세계 랭킹 1위가 되기까지 19년을 골프에 매달렸다. 마이클 조던(Michael Jordan)은 여덟 살에 리틀리그를 시작으로 18살 때 미국을 대표하는 대학농구 스타가 되었다. 대학의 촉망 받는 스타에서 NBN 월드 챔피언십 우승까지 10년을 더 노력해야 했다. 입문에서 정상의 자리에 오르기까지 20년 이상의 시간이 걸렸다.

이렇듯 스포츠 스타의 사례에서 뿐만 아니라 비즈니스에서도 갑작스런 성공이란 있을 수 없다. 샘 월튼(Sam Walton)은 44살에 월마트(Wal-mart)를 차려 60대에 세계적인 기업으로 성공시켰다. 델 컴퓨터(Dell Computer Corporation)의 마이클델(Michael Saul Dell)은 12살에 첫 벤처 회사를 차려 20년 후인 32살에 최고가 되었다.

살펴본 바와 같이 성공하기 위해서는 어렸을 때부터 진로를 결정하고 노력해야 젊은 나이에 성공할 수 있다. 샘 월튼은 40대 중반의 늦은 나이에 자신의 첫 도전을 시작해 20년 후 노년에 이르러 성공할 수 있었다.

젊은 나이에 성공하는 것도 좋지만 도전하는 데 늦은 나이란 없다. 문제는 언제 시작하든 20년이라는 시간이 필요하다는 것이다. 일찍 시작하든 늦게 시작하든 자신의 길을 가고자 하는 사람은 한 길로 가야 하고, 그 길을 가는 중에 고난이 주는 시련을 극복해야 한다. 즉 20년 이상의 시간을 즐겨야 한다.

음악, 미술 등 예능 분야에서는 30년 이상의 기간이 소요되기도 한다. 특히 오늘날과 같은 오랜 교육 기간이 필요한 세상에서는 새로운 도전이 늦기 때문에 나이를 두려워해서는 안 된다. 성공을 위해 경험해야 하는 20년의 힘은 열정과 인내이다.

20년이라는 시간은 결코 짧지도 않으며, 그렇다고 결코 길지도 않다. 등산처럼 산을 오르고 내리는 과정을 반복하고, 홀로 걷다 여럿이 함께 걷다 다시 그 과정을 반복하는 것과 같다.

20년 후의 성공을 위해서는 지금 이 순간을 즐기고 미래를 위해 끊임없이 노력하여 열정을 쏟아야 한다. 위대한 인물이 만들어지는 시간은 결국 20년 이상 방황과 좌절, 갈등과 고통, 시련과 자기 단련의 절대적인 고독의 시간이 필요하기 때문이다.

한 우물을 팔 때 그대를 빛나게 한다

고개를 들어 주위를 보라. 작은 부자에서부터 큰 부자에 이르기까지 그들의 특징은 우직할 정도로 한 우물을 팠다는 점이다. 지인 중에 철공소로 부자가 된 사람이 있다. 처음 시작은 시내 상업지역에서 작은 규모로 출발하였다. 하지만 점차 집 주변 땅을 매입하여 지금은 부지도 넓고 건물도 2층으로 신축하여 주위에서 부러워한다. 철공소는 과거에도 사양 산업이었고, 지금도 사양 산업에 속한다. 그렇지만 꾸준히 20년 이상 한 우물을 판 결과 거래처도 늘고 돈도 꽤 벌게 되었다.

반면 옆집에서 똑같이 일을 시작하여 세차장을 운영하던 한 지인은 돈 욕심으로 별개인 다른 사업에 투자하는가 하면, 얼마 뒤

제조업에 손을 대더니 장사가 안 된다고 인삼업에 투자하여 실패를 본 사례도 있다.

부자가 되기 위하여 돈을 좇다 보면 돈은 도망가게 되어 있다. 부자가 된 사람들이 이구동성으로 하는 이야기는 '열심히 일하다 보니 운 좋게도 돈이 붙어 부자가 되었다'는 것이다. 직장인도 마찬가지이다. 주식투자로 많은 돈을 날리는 사람이 얼마나 많은가? 직장에 다니면서 다른 일을 한답시고 투자 원금도 못 건지는 사람이 많다는 것을 알아야 한다.

세상은 매우 빠르게 시시각각 변한다. 사양 산업이라는 것도 세상 사람이 필요로 하는 한 유망한 상품을 만들어 낼 수 있는 여지는 얼마든지 있다. 어느 분야든 시장의 수요가 존재하고 특별한 취향을 지닌 사람이 존재하기 마련이다. 다른 사람이 만들어 놓은 유명세라는 잣대에 휩싸이기보다는 자신이 관심 있고 즐겨 할 수 있는 분야의 직종을 선택하여 끈기 있게 밀고 나가면 성공할 가능성이 훨씬 높다.

진정으로 큰 뜻을 품고 성공을 바란다면 오로지 한길만을 생각하고 전력투구할 때 그 기운이 하늘에 통하여 때를 만나게 된다.

유교에서 말하는 오복으로 가득한 사람은 거의 없다. 그래서 어느 것에 전념할 것인가는 스스로 결정하여 한 우물을 깊이 파야 위대한 업적을 이룰 수 있다.

당신도 자기 분야의 롤모델(role model)이 될 수 있다

성공한 사람들의 초년 시절에 관한 일화를 들어 보면 대부분 닮고 싶은 멘토(mentor : 『오디세이아*Odyssey*』에 나오는 오디세우스의 충실한 조언자의 이름에서 유래한다)가 있었음을 알 수 있다. 피겨 여제 김연아는 미셸 콴(Michelle Kwan)을, 바둑 천재 이창호는 조훈현을, 미국 대통령 버락 오바마(Barack Obama)와 빌 클린턴(Bill Clinton) 전 대통령은 케네디(Kennedy, John Fitzgerald) 대통령을, 골프 지존 신지애는 박세리 선수를 롤모델로 삼았다. 많은 선수가 방을 우상으로 도배할 정도로 덕지덕지 벽에 붙여놓고 꿈을 키워 나갔다. 누군가를 닮기 위해 노력하는 과정 자체가 성공을 향한 과정이 된 셈이다.

막막하고 힘들 때 그 사람은 이런 경우 어떻게 했을까? 어떤 과정을 거쳐 지금의 자리에 오르게 되었을까? 성공하고 싶지만 성공하기 위해 무엇부터 해야 할지 모르겠다면 닮고 싶은 사람을 정하고, 그 사람을 흉내 내보는 것부터 시작하라. 화려한 조명보다는 눈에 보이지 않는 피눈물 나는 훈련, 무명으로 보낸 10년 이상의 애환 등을 보도록 하라. 쉽지 않을 것이다. 세상에 쉬운 일은 없다. 더군다나 쉬운 성공은 있을 수 없다. 당신이 지금 누군가의 성공을 롤모델로 삼고 있다면, 그의 성공 뒤에 숨겨진 치열한 노력과 그가 치른 땀의 대가를 먼저 생각해야 한다.

그래서 처음에는 누군가 앞서 간 발자국을 놓치지 않고 잘 따라가기만 해도 성공할 수 있다. 하지만 어느 순간 그 발자국이 사라져서 자신이 스스로 방향을 정하고 한 걸음씩 내딛어야 하는 때가 온다. 또 앞서 간 선배의 발자취가 전혀 없는 신천지에서 출발해야 하는 경우도 있다. 이렇게 되면 나 혼자만의 목표가 아니라 내가 딛는 발자국을 보고 뒤따르는 사람에 대한 책임감도 함께 가지게 된다. 내가 다른 사람의 롤모델이 되어야 하는 것이다. 빠르게 성공한 사람일수록, 새로운 도전을 많이 하는 사람일수록 자신이 원하건 원하지 않건 다른 사람의 멘토가 되고 롤모델이 될 수밖에 없다.

박세리 키즈라는 말을 들어 보았을 것이다. 박세리 선수의 영향을 받아 골프에 입문한 어린 선수를 말하는데, 지금은 박세리 키즈가 우리나라를 대표하는 골프 선수로 성장하여 국외에서 큰 활약을 펼치고 있다.

1998년 미국여자오픈 경기에서 박세리 선수가 연장 접전 끝에 역전극을 펼치며 우승함으로써 IMF 체제에서 한숨짓던 국민들에게 큰 용기와 희망을 주었던 가슴 뭉클한 기억이 지금도 새롭다. 그때 그 선수의 경기를 지켜본 어린 소녀들에게 나도 박세리처럼 될 수 있다는 희망으로 박세리 선수는 최고의 골프 롤모델이었다. 박세리 선수가 그런 생각을 했는지는 모르지만, 그녀는 결과적으로 수많은 예비 골프 선수들의 롤모델이 되었다. 한국인으로서 미국 무대에서 최고 자리에 오른다는 것은 과거 누구도 해보지 못한 일이었기 때문이다. 그 이후부터 미국여자 프로골프대회에 한국의 어린 여자 선수가 주름잡는 계기가 되었다.

누구나 자기 분야의 롤모델이 될 수 있다. 좋은 롤모델이란 대단한 성공을 이룬 사람이라기보다는 많은 시행착오 속에서도 포기하지 않고 자기만의 성공을 만들어 가는 사람이다. 오히려 실패하지 않고 성공의 징검다리만 건너온 사람은 평범한 사람이 닮기엔 너무 거리가 멀다. 롤모델은 지금 묵묵히 자신의 분야에서 최선을 다하는 사람 중에서 나온다. 그러면서 실패를 두려워하지 않고 끊임없이 자기 한계에 도전하는 사람, 큰 꿈을 가지고 있는 사람이 다른 이들의 롤모델이 될 수 있다.

자신만의 롤모델을 갖는 것은 좋은 일이다. 그러나 꾸준히 성장하는 사람은 스승이나 롤모델을 넘어서야 하는 때가 반드시 오게 마련이다. 그러므로 롤모델을 넘어 더욱 성장하는 것을 두려워하지 마라. 박세리 선수의 선전이 박세리 키즈를 만들어 한국 골프의 전성기를 가져왔듯이, 김연아 선수를 보고 수많은 꼬마 스케이터가 탄생했듯이 나 개인의 성장은 내 성장뿐 아니라 내 지역, 내가 몸담고 있는 직장과 업계의 발전으로 이어질 수도 있음을 알아야 한다.

'내가 우리 업계의 롤모델이다, 내가 우리 지역의 롤모델이다, 내가 후배들의 멘토가 되어야겠다' 등의 자세가 필요하다. 이 같은 자각을 하게 되면 불평불만을 늘어놓을 틈이 없다. 대신 강한 책임감과 긍정적이고 진취적인 자세를 갖게 되니 일을 잘할 수밖에 없지 않겠는가.

신은 세심한 부분에 머문다

서투른 일에서 벗어나 숙달되려면 어떤 자세가 필요할까? 간단하다. 타인의 뛰어난 점을 모방하여 최대한 그대로 따라 하면 된다. 즉 그 사람의 행동을 주의 깊게 관찰하라는 말이다.

타이거 우즈의 침실 벽에는 그의 정신적 멘토인 골프 천재 잭 니클로스(Jack William Nicklaus)의 골프 성적표가 붙어 있다. 미쉘 위(Michelle Wie)의 침실 벽은 온통 타이거 우즈 사진으로 도배되어 있다. 한비야는 어린 시절부터 방 벽에 세계지도를 붙여 놓고 세계 일주를 하는 자신의 모습을 생생하게 꿈꾸었다.

사실 롤모델을 지켜보면 그가 왜 뛰어난지 그리고 그가 뛰어날 수밖에 없었던 이유를 알게 된다. 그만큼 배울 점이 많다는 말이다. 그럼 이제 롤모델을 따라 해보라. 이때 그 사람이 하는 대로 따라만 해서는 안 된다. 몸만으로 가볍게 대하면 안 된다는 말이다. 온 마음을 다해 신중하게 대해야 한다. 이를테면 그가 몇 시에 출근하는지, 어떤 방식으로 대화를 하는지, 유연한 사고를 가졌는지, 자기계발을 어떤 방법으로 하는지, 휴일을 어떻게 보내는지, 신문을 보는지 등 지켜보면서 하나하나 꼼꼼히 살펴본다. 이때 하나도 놓치지 않겠다는 마음가짐으로 철저히 관찰하고 연구하기 바란다. 사소하게 보이는 일조차도 놓쳐서는 안 된다. "신은 세심한 부분에 머문다"는 독일 격언처럼, 사람들의 사소한 행동에 비밀의 문을 여는 열쇠가 숨겨져 있다. 유능한 사람일수록 사소한 일 하나도 놓치지 않고 배려를 하기 마련이다. 그만큼 생각을 한다는 뜻이다. 그러면 그 사람 사고까지 배우게 된다. 가장 중요한 것은 그 사람의 마음가짐을 배우는 것이다. 유능한 사람일수록 상대를 성가시게 하거나 불편하게 하는 일을 하지 않는다. 아무리 어려운 일을 당한다 해도 조용히 처리한다.

그래서 롤모델을 따라 실제로 해보면 자기한테 맞을 수도 있고, 그렇지 않을 수도 있다. 오히려 안 맞는 부분이 더 많은 것이 당연하다. 또 때로는 매우 좋은 생각이 떠오를 수도 있다. 즉 다양한 방법으로 시도해 보고 시행착오를 반복하며 조금씩 나만의 방식을 만들어 가야 한다. 이렇듯 롤모델의 삶을 응용하여 나의 것으로 만들어야 한다. 자주 찾아가 자문을 받아라. 그만큼 시행착오를 줄일 수 있다.

만약 부동산으로 돈을 벌고 싶다면 그 분야에서 성공한 사람을 찾아가 거머리처럼 찰싹 달라붙어 그 사람 밑에서 보고 배워야 한다. 그렇다고 그 사람이 쉽게 가르쳐 주겠는가, 자기의 밥그릇인데. 절대 아니다. 가장 중요한 비법 하나 정도는 절대 가르쳐 주지 않을 것이다. 귀한 가르침일수록 그들도 많은 대가를 치러 가며 어렵게 얻었을 것이기 때문이다. 그렇다 보니 자상하게 다른 사람에게 가르쳐 줄 리가 없다. 그렇지만 포기하지 말고 많은 대가를 치르고 배우겠다는 자세로 죽기 살기로 매달려 배워야 한다.

직장 생활 초기에는 주로 업무를 배우는 시기인데, 그때 좋은 본보기가 되어 줄 롤모델이나 멘토가 곁에 있다면 일을 수행하는 데 많은 도움을 받을 수 있다. 이렇듯 30대 중반이 되면 업무상의 멘토도 중요하지만 어떻게 살아갈 것인가, 어떻게 일할 것인가, 어떤 사고로 살아갈 것인가 등과 같은 삶의 지표를 지도해 주는, 철학을 바탕으로 살아가는 인생 선배가 필요하다.

하지만 회사 내에서 그런 사람을 찾기 힘들 수도 있다. 사실 인문학적인 삶을 중요시하며 살아가는 방법에 대한 답을, 인생의 근원적인 물음에 대한 답을 직장 내에서 찾기란 쉽지 않을 것이다. 때문에 굳이 회사 안에 있을 필요는 없다. 회사 내에 멘토가 없다면 시선을 돌려 회사 밖에서 찾아보는 것도 좋다. 이때 무엇보다 중요한 것은 긍정적인 멘토를 만나야 한다.

사람은 누구를 만나느냐에 따라서 성공을 꿈꿀 수도 있고 실패를 맛볼 수도 있다. 항상 부정적이고 불평하는 사람을 만나다 보면 부정적으로 변할 수밖에 없다. 그래서 긍정적이고 활력이 넘치는 사람을 만나는 것이 중요하다. 직접 만나서 멘토로 삼아 인생의 방향을 정해도 좋고, 책이나 이메일 상담 등 간접적인 방법으로 소통해도 좋다. 삶에서 일가를 이룬 사람은 항상 긍정적이다.

그렇다면 성공한 사람의 시작을 들여다보라. 한때는 모두 그 방면에 있어 초보자들이었다는 사실을 아는가? 그들이 세상에 처음 자신의 생각과 결과물을 내놓았을 때 문전박대를 당했거나 초짜의 황당무계한 대우를 받았다. 그들의 시작은 상상할 수도 없을 만큼 보잘것없는 것이었다. 그런데 그들은 보잘것없는 그 일에서 성공을 맛보고 꿈을 키워나갔다. 그 작은 성공을 차곡차곡 쌓아 결과적으로 거대한 부를 거머쥐게 된 것이다. 이는 삶의 법칙일 뿐 아니라 보편적인 진리이다. 당신이 회사 직원이든 투자가이든 또는 경영자이든 이 법칙은 어느 분야이든 똑같이 적용된다. 처음부터 한 방 노리지 말고, 작은 성공을 차근차근 쌓아 가는 장기적인 목표로 삼아 보라. 그 작은 성공이 어쩌면 당신을 다음 세대의 또 다른 빌 게이츠나 스티브 잡스로 만들지 누가 알겠는가.

뿌리 없는 나무에 잎이 필까

성공하려면 실패를 두려워하지 마라. 한 연구에 의하면 '성공한 기업가는 아이디어 하나로 큰 성공을 얻기까지 최소 6번 이상 실패를 경험한다'고 한다. 또한 '높은 수준의 실행을 위한 사고 방법을 습득했다고 해도 종종 예상하지도 못한 장애로 실수를 할 때가 있다'고 한다.

당신이 일하는 분야의 영웅을 찾아보라. 그들의 자서전을 읽고, 잡지와 신문의 인물 소개를 자세히 훑어보고 관련 정보를 찾아보라. 겉으로 보기에 승승장구 일색인 그들의 경력에서도 내놓고 이야기하기 꺼리는 아주 크게 일그러진 면을 찾을 수 있을 것이다.

사실 어떤 분야이든 정상에 오르는 과정은 비슷하다. 동네에서 작은 카페를 운영하든, 대기업의 사장으로 일하든 자기 분야에서 최고가 된 사람은 적당히 해서 그 자리에 오른 것이 아니다. 다른 사람의 성공이 때로 우연과 행운처럼 보일 수도 있지만, 그 뒤에는 대부분 수많은 시련과 인내의 과정이 자리하고 있다.

따라서 자신의 환경이 불우하다고 원망하거나 탓하기 이전에 처칠이나 링컨(Lincoln, Abraham)을 떠올려 보라. 지금까지 자료에 의하면 처칠의 인생은 매우 화려하면서도 행운과 성공으로 가득찬 것처럼 보일 수 있다. 실제로 그에 관한 위인 전기를 읽어보아도 화려하게 묘사되어 있다. 영웅의 일그러진 역경은 외부로 나타나지 않기 때문이다. 그렇다면 잠깐 그에게 한발 다가가 그의 실제 모습을 바라보자.

처칠은 보통 사람보다 2개월 먼저 태어난 팔삭둥이였다. 그 영향으로 지능 발달이 느려 학교 시험에서 자주 낙제를 했다. 생활기록부를 들여다보면 "처칠은 품행이 바르지 못하며 매사 의욕이 없고, 다른 학생과 자주 다투며, 상습적으로 지각하고, 물건을 제대로 챙기지 못한다"라고 기록하고 있다. 결국 처칠은 3년 동안이나 유급을 한 후에야 간신히 학교를 마치게 된다. 역사상 가장 위대한 인물의 어린 시절 치고는 초라한 일이 아닐 수 없다.

비단 그 뿐만이 아니다. 해로 스쿨을 졸업한 처칠은 샌드허스트 사관학교를 지원했지만 성적이 좋지 않아 두 번을 낙방하고 세 번만에 간신히 합격했다. 어렸을 때부터 말을 더듬는 버릇은 평생 그를 괴롭혔다. 당시로서는 병명이 밝혀지지 않은 난독증이었다.

그 밖에도 그에게 많은 불운과 실패가 찾아왔다. 1915년, 제일 차 세계 대전에서 그가 입안한 다르다넬스(Dardanelles) 군사 작전이 실패하여 많은 영국군이 사망하거나 부상당하는 일이 발생하였다. 그 사건으로 인하여 처칠은 해군장관직에서 물러나게 된다. 1922년에는 맹장수술을 했고, 1929년에는 주식 투자로 큰 손실을 입었다. 1931년에는 뉴욕에서 교통사고를 당하는 불운이 겹쳤다. 그 후 선거에서도 여러 차례 낙선과 패배를 경험하였다. 당시의 하원 의원은 무보수직이었기 때문에 처칠은 경제적인 어려움에서도 벗어나지 못했다. 만년에는 심한 우울증에 시달리곤 하였다. 고통을 감내하기 위하여 평생 동안 시가를 질근질근 씹을 정도로 담배 애호가였다. 보통 사람 같으면 세상을 탓하고, 부모를 탓하고, 운을 탓하고, 머리가 나쁘다고 환경을 탓하며 자기 풀에 본인 스스로 기가 꺾였을 것이다.

하지만 처칠은 링컨 대통령처럼 결코 낙심하거나 포기하지 않았다. "절대 포기하지 마라"는 자신의 말과 같이 그는 묵묵히 자신의 길을 걸었다. 아니 오히려 더 많은 노력을 기울이며 최선을 다했다.

말을 더듬는 버릇을 고치기 위해 같은 문장을 수백 번씩 외우며 훈련했다. 장교로 임관한 후에도 부족한 실력을 보충하기 위해 시간이 날 때마다 독서에 몰두했다. 연설이 서툰 점을 보완하기 위해서 완벽하게 원고를 외운 후 대중 앞에 나섰고, 사람들의 비난과 반대를 잠재우기 위해 효과적으로 유머 활용하는 법을 훈련했다. 총리로 취임할 당시 그는 "내가 바칠 것은 피와 땀과 눈물밖에 없다"고 말했다. 그리곤 실제로 70이 넘은 나이에도 하루 16시간씩 일하며 전쟁을 지휘했다. 그러다 결국 패전 직전까지 가는 상태에서조차 포기하지 않고 버틴 결과 영국 국민에게 커다란 승리의 기쁨을 안겨 주었다.

성공한 사람들의 대부분은 실패와 좌절을 딛고 일어선 것이다. 크게 성공한 사람일수록 큰 고통으로 얼룩진 세월이 많았다. 그들은 성공하기까지 수없이 실패했고 배신당했고 또 뒤로 물러서야 했다. 더 큰 것을 생각하거나 더 많은 것을 바라는 사람은 그만큼 더 큰 역경을 불러오게 되어 있다. 하지만 더 큰 역경이 닥쳐도 인내와 끈기를 갖고 꿈을 이루겠다는 의지만 버리지 않는다면 성공은 반드시 찾아온다. '로마는 하루아침에 세워진 것이 아니다'라는 말이 있듯이 원하는 것을 얻으려면 많은 시간이 걸린다.

자, 우리 자신을 돌아보자. 자라온 환경이 링컨이나 처칠보다 좋으면 좋았지 나쁘지는 않을 것이다. 그렇다면 무엇이 문제란 말인가?

성공한 사람을 보면 보통 사람한테서는 찾아볼 수 없는 인내가 있음을 알 수 있다. 현재와 성취의 공간을 인내로 채울 때 투지가 생기고 노력한 만큼 결과를 얻게 된다. 괴테가 『파우스트』를 23살부터 쓰기 시작해 82살에 끝낼 수 있었던 원인은 결코 포기하지 않고 인내했기 때문이다. 재능이 많은 것만으로는 성공하지 못한다. 재능만 있는 사람은 위험하다. 타락한 천재로 미완성된 삶을 남기고 떠날 수밖에 없다. 훌륭한 교육을 받은 것만으로는 성공하지 못한다. 스펙이 좋은 사람으로 끝나고 만다. 용기 있는 것만으로도 부족하다. 꾸준한 끈기를 대체할 것은 없다.

성공하고 싶다면 처칠의 말처럼 절대 포기하지 마라. 위기도 내가 극복할 수 있는 한도 내에서 닥친다. 살다 보면 나에게만 왜 이리 고생을 안겨 주는지 환경 탓을 하면서 보내는 시기도 있다. 어려움이, 불운이 20~30년 지속되는 경우도 있다. 고통이 오랜 기간 동안 지속되어도, 아무리 큰일이거나 아무리 작은 일이라도, 아무리 중요하거나 아무리 하찮은 일이라도 절대로 중도에서 포기하지 마라. 포기하는 순간 꿈은 한낱 부질없는 몽상이 되기 마련이다. 그러나 처칠처럼 성공할 때까지 계속 앞으로 나아가면 꿈은 반드시 이루어진다. 즉 성공한 사람은 재능이 있다기보다 목표를 이룰 때까지 포기하지 않고 계속 나아갔기 때문에 가능했던 것이다.

나를 이끄는 힘, 인내력을 발휘하라

진정한 행복이란 각자의 마음속 깊은 곳에 있다. 인생을 살면서 겪은 작은 것이 쌓여 행복이 된다. 열심히 살면 행복하지 않은 때가 없고 즐겁지 않은 일이 없다. 즉 일이든 놀이든 열심히 할수록 능력이 향상되고 뒤이어 즐거움을 느끼게 된다. 따라서 일을 통해서 무엇을 얻을 것인가 하는 일체의 잡념이나 돈 벌이가 잘 되는 일에 집착하거나 머릿속의 계산은 던져 버리고 오로지 일에만 매진해야 한다. 일을 하는 동안에도 회사와 자신의 관계나 미래, 배워야 할 것 등을 생각하지 말고 무조건 일에만 집중해야 한다. 그렇긴 하지만 운동, 노동, 공부처럼 힘든 분야일수록 처음 시작하여 즐거움을 느끼는 기간이 오래 걸린다. 최하 5년 이상 걸린다.

그렇다고 기간만 되면 즐거움을 느끼는 것이 아니다. 반복반복 한다 해도 타성에 젖는 반복이거나 마지못해 하는 반복은 10, 20년이 걸려도 일 자체에서 즐거움을 느낄 수 없다. 즉 무슨 일을 하든 적당히 한다, 받는 만큼 일한다, 시간만 때우면 된다, 마지못해 한다, 시키는 일만 한다, 눈치 보며 일한다, 불평불만만 늘어놓는다, 상사나 주위 사람을 의식한다, 공치사나 생색을 낸다, 대가를 바란다 등 수동적으로 일을 하면 결코 즐겁지 않다는 말이다. 특히 돈에 현혹되지 마라. 돈만 좇게 되면 단기 목표에 치우치게 된다. 성과주의 아래에서 눈앞의 실적에만 집착하게 된다. 그러면 중장기적으로 갈고 닦아야 할 능력을 희생하게 된다. 눈앞의 실적을 채우다 보면 당장은 좋은 평가를 받을 것이다. 하지만 긴 안목으로 보면 능력 향상이나 성공은 저만치 달아난다. 그러면 능력이 향상 되지 않는 것은 두말할 필요도 없다.

얼마나 사력을 다하여 노력하느냐, 얼마나 몰입하여 집중하면서 반복하느냐에 따라 능력 향상과 함께 즐거움을 느끼는 성패가 달려 있다. 좋은 습관이 쌓이면 내공이 되고 절제, 명상, 운동, 칭찬 등의 좋은 습관이 쌓이면 복이 온다.

전문가에 의하면 "뇌의 신경세포 간의 신호 전달망인 시냅스(synapse)가 새롭게 형성이 되려면 같은 동작을 3,000번 정도 반복해야 한다"고 한다. 같은 것을 계속 반복할수록 시냅스 간의 연결망은 더욱 단단해진다. 실현하고자 하는 목표가 있다면 귀찮고 힘들어도 반복해야 하는 이유이다. 습관이 자리 잡을 때까지는 피나는 노력이 요구되지만 나중에는 힘들이지 않고도 그 일을 하는 자신을 발견하게 된다.

간단히 말하면 습관적인 행위는 중독이 되며, 그 행동을 하면 행복감을 느끼기 때문에 계속 반복하게 된다.

한 분야의 전문가가 되기 위해서는 하루에 3시간 이상 노력하면 10년 이상 소요되며, 달인이 되려면 또 다른 10년이라는 노력의 시간이 필요하다. 이것저것 유행만 좇으면 도달할 수 없는 길이다. 모든 분야에서 일가견을 이루려면 많은 시간이 걸린다. 지속적이며 장기적인 노력에 의해서 서서히 목표에 다가간다. 제아무리 단단한 바윗돌도 언젠가는 모래로 변할 수 있다. 다만 그러기 위해서는 끊임없는 자신의 몸에 부딪혀 오는 파도와 바람 그리고 오랜 시간의 흐름을 견뎌내야 한다.

아무리 마음이 급해도 봄에 씨앗을 뿌리지 않고 가을철에 수확할 수 없다. 가을에 익은 곡식을 거두어들이기 위해서는 먼저 땅을 일구고 씨앗을 뿌리고 물과 거름을 주고 잡초를 뽑아 주는 등 수시로 관리함은 물론 씨앗이 싹을 트게 하기 위해 햇볕 또한 충분히 쬐야 한다. 그러기 위해 해가 수없이 뜨고 져야 하고, 농부는 끈기 있게 1년이라는 세월 동안 관리를 잘 해주어야 한다. 관심과 관리 정도 여하에 따라 수확량이 달라진다. 노동의 값진 열매를 만끽하기 위하여는 지속적인 노력과 기다림의 시간이 필요하다. 시간이 지난 뒤에 우리의 힘겨운 노동은 비로소 보상을 받는다. 하루아침에 만들어지지 않기 때문이다.

이런 이야기가 있다 꾸준한 사람이 성공한다. 운동을 하기로 마음을 먹고 시작한다. 영어회화 수강을 시작한다. 일주일이 지나자 80퍼센트만 참여한다. 한 달이 지나자 70퍼센트 정도가 동참한다. 다음 한 달이 지나자 시작한 사람의 50퍼센트만 참여했다. 1년 후에 관찰해 보니 겨우 두 명만이 지속하고 있었다. 운동이나 수업에 참여하는 모습만 보아도 성공할 수 있는지 알 수 있다. 쉬지 않고 노력해서 실력을 쌓는 것만이 성공하는 지름길이다. 어떤 일이든, 사업일지라도 꾸준히 노력하면 이룰 수 있고, 꾸준한 사람을 당해 낼 재간이 없다.

뜰에 유실수를 심었을 때 언제쯤 수확이 가능할까? 몇 년을 기다려야 한다는 사실이 놀라운가? 일반적으로 감이나 포도 등의 과일 나무는 보통 3년에서 7년쯤, 호두를 비롯한 견과류는 5년에서 15년쯤 기다려야 풍성한 수확이 가능하다. 나무에서 수확을 원한다면 먼저 나무를 심고 정성껏 가꾸어야 한다. 나무가 크고 뿌리가 깊을수록 수확량은 많아진다. 수확량이 많아질수록 나무의 가치는 커진다. 사람도 크게 다르지 않다. 다만 기간이 길다는 것이

231

다. 성장할수록 생산 능력이 높아지므로 가치가 커진다.

　나무와 인간의 다른 점은 나무는 어느 정도 성장하면 멈추지만 인간이 풍성한 수확물을 거두려면 20년 이상의 오랜 기간이 필요하다는 점이다. 화가나 음악가, 작가 들은 그 분야에서 명성을 쌓고 인정받기까지 실로 오랜 시간 **뼈**를 깎는 고통을 견뎌내야 한다. 꿈을 이루기 위해 애쓰는 동안 수없이 많은 좌절도 겪으면서 차츰 목표에 다가가는 것이다.

잘하는 것 하나를 차별화하라

하는 일마다 실패만 거듭하는 사람의 가장 두드러진 특징 가운데 하나는 성공한 사람은 올라운드 플레이어(all-round player), 즉 모든 것을 잘하는 만능 엔터테인먼트(entertainment)일 것이란 착각이다. 그래서 보통 사람은 하나의 일에 어느 정도 숙련 되면 또 다른 일을 찾아 나선다. 그리고 이것저것을 동시에 잘하는 멀티 플레이어(multimedia player)가 되고자 노력한다. 하지만 이 같은 노력은 결국 에너지를 분산시켜 모든 것을 놓치는 결과를 초래하여 평범한 수준에 그치고 만다. 성공한 사람의 공통된 특징은 하나의 일에 집중한다는 것이다. 그들은 언제나 에너지를 한 곳에 집중시키기 때문에 한 번 실패해도 포기하지 않고 거듭된 실패에서 배우는 학습 효과가 매우 뚜렷하다. 반면 평범한 사람은 평범한 실패를 거듭한다. 똑같은 방법으로 변화 없이 반복에 반복을 거듭한다. 또한 이것저것 여러 가지 일에 기웃거린다.

　어떤 파티나 회식 자리에서 누군가가 전날 풀지 못한 고민을 걱정하고 있다고 상상해 보라. 그 사람은 함께 있어도 즐겁지 않을 것이며, 또 사람들 가운데 유별나게 안쓰러워 보일 것이다. 또는 서재에서 어떤 문제를 풀려고 열중하고 있는데 배웠던 음악이 갑자기 떠올라서 견딜 수 없는 사람의 경우를 생각해 보라. 아마도 그 사람은 훌륭한 수학자가 될 수 없을 것이다.

　우리의 정력에는 한계가 있어 이것저것 다 잘할 수 없다. 얻는 것이 있으면 반드시 잃는 것이 있다. 얻기 위해서 무엇인가 포기해야만 하는 희생이 따라야 한다. 이런 이유로 어떻게 정력을 분배하는가는 매우 중요하다. 모든 학문과 기술은 부지런히 갈고 닦아야 하는 것들로, 이에 능숙해지려면 많은 시간과 정력을 투자해야 한다. 많은 분야의 일을 동시에 하다 보면 시간과 정력을 분산시킬 수밖에 없고, 수박 겉핥기식으로 할 수밖에 없다 보니 거기에 대해 깊은 인식을 가질 수 없다. 그리고 결국 어느 하나도 크게 이루지 못한다. 때문에 정력을 어느 한 가지 일에 집중시킴으로써 그 분야의 최고가 되려고 하는 자세가 중요하다.

　명품의 특징은 단순함이다. 삶에 큰 업적을 이룬 위인의 삶을 들여다보라. 삶 자체가 아주 단순하다. 집안 가재도구도 몇 안 될 정도로 관심이 없다. 생각도 꿈, 목표 등을 이루기 위한 한두 가지 정도이다. 꿈을 이루기 위한 휴식 활동으로 운동을 하거나 악기를 다루는 정도로 하루 생활이 단조롭다. 그렇다 보니 행동 자체도 단순할 수밖에 없다.

여기서 잠깐 가왕 조용필의 말을 들어 보자. "나는 집과 사무실 이외는 안 다닌다. 앨범을 내고 친구와 식당에서 만나는 게 외출의 전부이다." 이렇듯 밖의 사정은 전혀 모른다고 한다. 매일 연습에 연습을 거듭하면서 보낸다. 점심시간을 제외하고 온통 연습만 한다고 한다.

매일같이 당신도 무엇인가를 한다. 아침 7시에 일어나 밤 11시에 잠자리에 든다면 16시간의 이용 가능한 시간이 있다. 매일매일 일상의 반복이다. 문제는 대부분의 사람은 이 시간 동안 하나의 일에 집중하지 못하고 이것저것 기웃거리며 여러 가지 일을 한다는 것이다. 하지만 만약 한 가지 방향과 일에 열중할 수 있다면 성공할 것이다. 다만 열중할 수 있는 그 한 가지 일을 발견하지 못하고 있다는 사실이 문제이다.

지금 당신의 회사에서 출세 가도를 달리고 있는 사람을 보라. 그는 타의 추종을 불허하는 한 가지 뚜렷한 자기만의 독특한 색깔이 있다. 예를 들면 악기를 잘 다룬다든가, 영어 회화를 아주 잘

한다든가, 마라톤을 완주한다든가 하는 등의 주된 특기를 갖고 있다. 하나를 잘할 수 있다는 것은 또 다른 것을 잘할 수 있다는 것을 의미한다. 일의 원리는 같기 때문이다. 그는 그 색깔 위에 다양한 결과를 도출해 내고 있는 것이다. 따라서 다른 사람이 감히 흉내도 내지 못하는 한 가지를 차별화하도록 하라. 이때 차별화라고 하면 뭔가 거창하게 생각되지만, 사실 아주 간단하다. 조금만 생각을 바꿔서 바라보면 차별화할 수 있는 방법이 무척 많다. 이를테면 음식점이나 커피숍을 경영한다면 시간을 차별화할 수 있다. 택시 운전도 고객 확보를 위해 서비스를 다르게 할 수 있다. 카센터(car center)에서 서비스도 얼마든지 다르게 할 수 있다. 세탁물을 맡길 때도 그렇다. 중국집에서 배달하는 친구들도 그렇다. 여기서 하나의 사례에 귀 기울여 보라.

가정 형편이 어려워 상급 학교도 진학하지 못하고 자전거 수리점에서 점원으로 일하는 가난한 청년이 있었다. 어느 날 손님이 고장 난 자전거를 가져와 수리를 맡겼다. 이 청년은 자전거를 말끔히 고쳐 주는 것은 물론이고 자전거를 깨끗이 닦고 나서 페달과 체인에 기름칠까지 했다. 손님이 주문하지도 않은 부분까지 깔끔하게 손질해 준 것이다. 자전거를 찾으러 온 손님이 깜짝 놀랐다.

그런데 알고 보니 자전거를 맡긴 손님은 큰 회사의 사장이었고, 자전거를 찾아간 이튿날 그의 배려에 감동한 나머지 그를 자기 회사의 직원으로 채용했다. 그리고 그 후 그를 회사의 임원으로 임명했다.

많은 사람들 사이에서 두각을 나타내는 비결은 매우 간단하다. 남들보다 조금만 더 특별하게 일하는 것이다. 그것도 대가를 생각하지 않고 생색내지 않고 먹은 마음 없이 일하는 것이다.

위 사례에서도 알 수 있듯이 누군가에게 인정받는 것은 그리 어려운 일이 아니다. 일에 임하는 자세에서 조금만 다르게 하면 된다. 이렇듯 성공의 핵심 비결 하나는 똑같은 일도 다르게 하는 것이다. 남과 다르게, 어제와 다르게 해야 발전하여 성공할 수 있다. 월트 디즈니(Disney, Walter Elias)는 "성공하려면 남과 다른 나만의 개성을 가져야 한다. 남과 달라야 한다. 내가 지닌 것이 사람들이 원하는 것이라면 사람들은 그것을 얻기 위해 나에게 오게 되어 있다"고 말했다.

자신이 하는 일에 대해 끊임없이 왜, 어떻게라는 질문을 던져야 한다. 나 역시 매일 아침마다 스스로에게 '남과 다르게 생각하는가, 남과 다르게 생활하는가, 같은 일이지만 어제와 다른 방법으로 하는가'를 끊임없이 묻는다.

나는 내 머리가 잠들지 않고 깨어 있는 한 새로운 아이디어를 생각하고 또 생각한다. 그리고 조금이라도 다르게 하기 위하여 지금도 노력을 게을리하지 않고 있다. 월등히 잘하기 위해서는 처음 시작은 미미할 수 있다. 조금 더 잘하면 된다. 남보다 10분 더 노력하고 1미터 더 가면 된다. 즉 1퍼센트 차의 피와 땀이 먼 훗날 차별화를 만든다. '누군가 할 일이라면 내가 하자. 언제 해도 될 일이라면 미루지 말고 지금 하자. 내가 지금 할 일이라면 더 잘하자. 무슨 일을 하든 더 잘할 수 있는 방법은 반드시 있다.'

언제 어느 곳에서 무슨 일을 하든 이러한 마음가짐으로 일을 하면 인생을 성공적으로 이끌어 갈 것이다.

색깔 있는 사람이 되라

차별화의 중요성은 비단 장사를 하는 사람들만의 이야기가 아니다. 직장인도 마찬가지이다. 나는 가끔 직장 후배들에게 물어본다. "직장에서 제일 잘하는 게 뭐야?" 그러면 대부분 묵묵부답이거나 이렇게 말한다. "직장 다니는 사람이 뭐 봉급 타고 다 똑같죠. 차별화 그런 게 어디 있어요." 하지만 정말 그럴까? 그게 무엇이든 직장 생활에서 자신을 차별화시킬 수 있는 것 하나를 충분히 만들 수 있다.

저 친구는 우리 회사에서 기획안을 제일 잘 만들어, 저 친구는 우리 회사에서 기타 연주하는 실력이 수준급이야, 저 친구는 우리 회사에서 책을 가장 많이 읽어 등 이렇게 하나라도 자신만의 개성을 만들어야 한다. 물론 자신이 다른 사람보다 잘하는 게 하나도 없다고 생각할 수 있다. 그렇다고 차별화하기를 포기할 것인가? 하다못해 '저 친구는 우리 회사에서 가장 일찍 출근해'라는 소리라도 들을 수 있어야 한다. 나아가 여기서 멈추지 않고, 무엇인가 지속적으로 하다 보면 자연스럽게 하나의 색깔이 만들어지게 된다.

하지만 많은 직장인이 월급에만 관심이 있지 이러한 노력을 하지 않는다. 그냥 하루하루 묻혀서 살아간다. 묻혀 살면 아무도 나를 주목하지 않고 눈여겨보지 않는다. 남들 출근할 때 출근하고 퇴근할 때 퇴근하는 것이 직장인의 소임이 아니다. 뭔가 자신만의 색깔이 있어야 한다.

당신의 색깔은 무엇인가? 당장 머릿속에 떠오르는 것이 없다면 당신의 미래는 암담할 것이다. 지금이라도 차별화할 수 있는 것을 만들어야 한다. 일의 원리, 삶의 원리는 다 같아서 하나를 잘하면 다른 것도 잘할 수 있는 가능성이 아주 높다.

좋은 색깔을 만들려면 좋은 습관을 몸에 익혀야 한다. 성공한 사람과 성공하지 못한 사람의 차이가 바로 여기에 있다. 성공하지 못한 사람은 그걸 알면서도 실행하지 않는다. 반면 성공한 사람은 자신이 세운 원칙과 기준을 하나하나 지키기 위하여 끝까지 최선을 다한다. 즉 아침 일찍 출근하여 신문을 읽고 업무에 적용할 수 있는 아이템을 얻는다, 휴일에는 책을 읽는다, 규칙적으로 운동을 한다, 일찍 자고 일찍 일어난다, 시간을 아껴 쓴다 등의 좋은 습관이 나만의 독특한 차별화를 만들 수 있다. 지금이라도 생활 속에서 차별화를 만들어라.

다른 사람이 영어 회화를 한다고 덩달아 학원에 다니고, 다른 사람이 공인중개사 자격증 취득 학원에 다닌다고 따라서 공부할 필요는 없다. 물론 많은 회사에서 외국어나 직무 관련 자격증을 취득하면 승진과 인센티브(incentive)에서 혜택을 주지만 그건 장기적인 안목으로 봤을 때 조족지혈(鳥足之血)에 불과하다. 즉 그 같은 자격증 취득은 직장 생활의 본질이 아니다. 핵심은 회사가 발탁하고 싶어 하는 사람은 의미 있는 결과를 도출해 내는 사람이다. 회사에서 발탁하고 싶어 하는 최고의 사원은 못하는 것이 없는 사람이 아니라 잘하는 것 하나가 있는 색깔 있는 사람이다. 무엇이든 잘하고자 하는 멀티 플레이어, 올라운드 플레이어는 어느 정도까지는 오르지만, 크게 출세하지 못한다는 사실을 명심하라. 평소 관심 있는 것, 좋아하는 것, 잘하는 것 하나 또는 잘할 가능성이 있는 것 하나에 에너지를 집중하여 차별화하라.

천부적인 재능을 타고나지 않은 일반 사람도 한 분야에 집중한다면 놀라운 성과를 거둘 수 있다. 소위 말하는 위인은 모두 한 분야에 전념했던 아주 평범한 사람이었다.

나만의 성공 기준과 목표를 만들라

성공이라 하면 흔히 재물이나 권력의 성취를 그린다. 그런 우리는 지금 성공 증후군에 빠져 있다. 누구나 성공하기를 갈망한다. 욕심은 한이 없다. 하지만 아무도 그 성공이 무엇인지 잘 모른다. 정말 놀라운 일이 아닐 수 없다. 설령 성공한다 해도 만족을 모르고 더 높이 오르고 더 많은 돈을 벌기 위하여 욕심을 낸다. 결국 자기가 원하던 성공이라는 것을 이루게 되더라도 뒤늦게 그게 자기가 찾던 진짜 성공이 아니라는 것을 깨닫고 실망한다. 누구나가 겪게 되는 허망한 성공의 종착역이기 때문이다.

누구나 부자가 되기를 원한다. 그것을 위해 인생의 모든 것을 건다. 건강까지 담보 하고 전념한다. 하지만 거기에 도달한다 해도 결코 만족이나 행복은 없다. 또다시 마음 한구석이 허전하고 쓸쓸하다 백발이 성성해서야 때늦은 후회를 한다. 좀 더 가족과 함께 지내는 시간을 가질 것을, 좀 더 아이 교육에 관심을 가질 것을, 좀 더 열심히 일할 것을, 좀 더 건강에 신경 쓸 것을, 좀 더 절약하면서 살 것을 등등.

적어도 내가 가는 길의 끝이 어떠할지 알고 가면 후회는 않는다. 따라서 진정한 성공이 무엇인가를 그리고 그러한 성공을 위해서 어떻게 살아야 하는지 지금 가는 길을 멈춰 서서 고민해 보아야 한다. 인생 선배에게 자문을 구하는 것도 좋은 방법이다. 더 좋은 것은 과거 나와 같은 성공을 이룬 사람에게 조언을 구하면 최소한의 시행착오는 겪지 않을 것이다.

내 눈에는 대부분의 사람이 성공하지 못한 것으로 보인다. 왜냐하면 노년의 삶이 행복해 보이지 않기 때문이다. 한때 인기 연예인으로 팬들의 인기를 한 몸에 받았던 스타가 노후에 궁핍과 질병으로 고통 받는 경우가 얼마나 많은가? 또한 축구, 권투, 야구 등의 분야에서 국가대표 선수로 활약했던 스타의 노후 삶이 경제적으로 어렵고 질병으로 고통 받고 있는 경우가 또 얼마나 많은가?

노인 열 명 중 여덟 명 이상이 10년 이상 질병으로 인해 약을 복용하고 있다. 이처럼 젊어서의 성공이 노후까지 보장되지 않는 경우가 대부분이다. 노후에 경제적으로 궁핍하다든가 질병으로 고통 받는다면 성공하지 못한 것이라 볼 수 있다. 과거 삶이 잘못된 원인의 영향이다.

과거 60, 70년 대 부모 세대, 즉 베이비붐 세대 생활상의 이야기를 들어 보았는가? 한평생 한 직종에 종사하며 보람을 갖고 사는 사람이 얼마나 많은가? 또한 성실하게 공직자란 외길을 걷는 사람이 얼마나 많은가? 자기 위치에서 굳건히 자리를 지키는 엄마가 또 얼마나 많은가?

놀라울 정도로 많은 사람이 이미 성공했고, 성공을 위해 한발 한발 다가가고 있다. 그런데도 사람들은 자신의 성공을 성공이라 인식하지 못하고 있다. 왜냐하면 다른 사람과 자신을 비교하기 때문이다. 그것도 금전적인 기준 하나만 놓고 비교를 한다. 그리고는 패배감이나 자기 비하에 빠진다. 왜 인생을 돈으로만 판단하는가. 물론 돈도 중요하고 성공도 중요하지만 결국 행복하기 위하여 돈을 벌고 성공을 원하지 않는가?

부귀를 추구하는 사람은 이기적이 될 수밖에 없다. 권력이든 재물이든 또는 높은 자리이든, 그것을 욕망하는 사람은 남을 배려하고 도와주려는 마음을 가질 수 없다. 욕망이란 원래 남을 배척하면서 목적물을 독점하려는 이기적인 성질을 갖고 있기 때문이다. 그런 까닭에 치열한 경쟁의식 속에서 자기 안에 승부욕, 질투심, 증오심 등 부정적인 심리만 키울 것이다. 경쟁을 해서 얻은 부는 만족을 하지도 못하고 영원히 지속되지도 못한다. 오늘은 내 것이 되지만 내일이면 다른 사람의 것이 된다. 그럼에도 불구하고 그것이 바로 불행의 온상이라는 사실을 깨닫지 못한다.

설사 그렇게 해서 부귀를 얻었다 하더라도, 그것을 보전하기 위해 끊임없이 경계하고 남들과 경쟁을 해야 하는 피곤에 시달릴 것이다. 게다가 부귀의 욕망은 만족을 모르고 미래의 목표를 끊임없이 새롭게 설정하면서 삶의 기쁨을 누릴 여유를 갖지 못한다. 어느 시인은 행복의 속성을 이렇게 말한다. "행복을 잡았다고 생각하는 순간 행복은 저 멀리 달아나 버렸다."

그러므로 부귀를 삶의 제일 가치로 여겨 갈망하는 마음을 버려야 한다. 부귀가 행복을 가져다주리라는 환상을 깨트려야 한다. 그것에 앞서서 그것 이상으로 참삶의 의미와 가치를 추구해야 한다. 자아실현의 길을 부귀가 아니라 진리와 올바른 삶에서 찾아야 한다.

그런 의미에서 본다면 삶에 있어서 강한 자가 아니라 진리와 올바른 삶을 살아가는 자가 끝까지 살아남는다. 많은 철학자가 그렇게 생각했고, 이 믿음은 오랜 시간 동안 진실로 입증되었다.

당신에게 진정한 성공 기준이란

인격을 판단하는 중요한 기준으로 무엇이 있을까? 보람과 가치, 성실, 근면, 전문성, 만족도, 사회적 공헌, 봉사와 헌신 등 그 기준으로 세울 만한 덕목이 대단히 많다. 아주 많다. 그런데 왜 모든 것을 돈으로 비교해서 평하고 스스로를 비참하게 만드는가? 아무리 황금만능 시대라고 하지만 한참 잘못된 길을 걷고 있는 것이 아닌지 깊이 반성해 볼 일이다.

브로커(broker)나 사기꾼, 양심 없이 돈벌이에 눈이 먼 사람 등은 잠시 성공할 수 있다. 하지만 그 성공이 마치 기초가 부실한 집처럼 머지않아 무너진다는 사실을 경험으로 잘 알고 있다. 훗날 아무도 그러한 사람을 좋게 평가하지 않을 것이다.

그래서 지금까지 우리들의 동경의 대상이 된 사람은 정도를 걸으면서 정직한 삶을 살아왔거나 겉으로 보기에는 실패한 것 같은 많은 이들이었다. 그럼에도 불구하고 우리가 범한 오류 중 하나가 겉으로 보이는 모습만 보고서 힘세고 임기응변에 능하고 교활한 사람이 성공한다고 착각한 것이다.

여러 이유로 지금 우리에게는 근면함과 진실을 위해서 오랫동안 노력하는 사람이 성공한다는 믿음이 반드시 필요하다. 그렇다면 성공에도 기준이 필요하단 말인가? 그 성공 기준이란 과연 무엇인가?

첫째, 오래 지속되어야 한다. 그러려면 성공도 나만의 원칙이 필요하다. 나의 한도를 넘는 경우 오래 지속할 수 없기 때문이다.

둘째, 정당한 성공이어야 한다. 그렇지 않은 경우 역시 오래 유지할 수 없다.

셋째, 육체적으로 건강해야 한다. 이는 개인마다 지식이나 지성, 건강 혹은 마음의 변화를 읽어 낼 줄 아는 감각이 될 수 있다.

넷째, 남을 희생하지 않고 거두는 성공이어야 한다. 남에게 피해를 주고서 얻은 성공은 금방 탄로가 난다. 성공은 노력의 결과물이다. 당장의 성공을 위해 계속해서 다른 사람을 속이는 경우 오래 지속하지 못한다. 경쟁 상태에서는 부자가 되는 사람이 많아질수록 다른 사람의 상황은 더 나빠진다. 하지만 창조 상태에서는

247

부자가 되는 사람이 많아질수록 다른 사람의 상황은 더 좋아진다.

'경제에서 나의 성공은 다른 사람의 패배다'라는 모토로 사업을 하는 경우가 있다. 이때 자신의 성공을 위해서 경쟁자를 제거하고 주문을 가로채기도 한다. 하지만 이런 방법은 오래 가지 못한다. 회사를 경영할 때는 기업과 고객이 모두 승리감을 느끼는 윈윈($^{win-win}$) 전략으로 운영하고 관리해야 한다. 자신이 당했다고 느끼는 회사는 언젠가 경쟁 회사에 복수할 것이기 때문이다. 뿐만 아니라 내가 조성한 적대적 분위기는 부메랑(^{boomerang})으로 다시 나에게 나쁜 영향을 미칠 것이다.

즉 부정한 방법으로 더 빨리 성공할 수 있다는 생각은 큰 오산이다. 그것은 자신을 스스로 멸시하고 다른 사람을 업신여기는 행위이다. 직원이 존중받지 못한다고 느끼면 그런 회사는 오래 살아남지 못한다. 자신을 무시하고 다른 사람을 업신여기는 회사는 무력해지고 가치를 잃어버린다. 그리고 회사에서 크고 작은 사고가 자주 일어난다. 이는 직원들의 공동생활뿐 아니라 재정적인 관점에서 볼 때도 회사의 가치를 떨어뜨리는 결과를 가져오게 된다.

요컨대 모든 사람이 삶에서 성공할 수 있다. 자신만의 길을 걸어간다면 말이다. 우리는 남과 비교하면서부터 비참한 삶을 살게 된다. 비교에는 기술이 있다. 그것은 바로 만족의 비교와 발전의 비교이다. 자, 이제부터 이 두 가지의 비교 원리가 무엇인지 귀 기울여 보라.

자신의 과거 삶과 현재의 삶을 비교하라. 행복해지고 싶다면 나보다 낮은 처지에 있는 사람과 비교하라. "내려다보면서 살아도 올려다보고는 살지 못한다"는 격언이 가르쳐 주는 것이 바로 이런 만족의 비교 원리이다.

그럼 발전의 비교 원리란 무엇인가? 말 그대로 발전하고 싶다면 나보다 나은 사람과 비교하라. 내가 아직 대리라면 과장인 친구와 비교하라. 그리고 어떻게 하면 과장이 될 수 있는지 고민하고 노력하라. 인간관계 기술이 부족하다면 관련 서적을 10권쯤 독파해 보라. 그리고 배운 바를 실천해 보라. 자기 분야에서 전문가가 되기 위해 밤을 새워 공부해 보라. 나보다 낮은 주임인 친구를 보고 만족하지 마라. 절대 현실에 안주하지 마라. 그러다가는 언제 회사에서 쫓겨날지 모른다.

과연 어떻게 살아야 진정한 성공을 했다고 할 수 있는가? 내가 말하는 성공이란 남들이 흔히 말하는 권력의 성취나 재물이 아니다. 내가 해야겠다고 생각한 일을 하는 것, 하고 싶은 일을 하면서 나의 시간을 즐기며 사는 것이라 할 수 있다. 즉 자기완성이라는 가치 있는 삶이라 할 수 있다.

조화로운 성공을 목표로 하라

100세 시대가 이제 우리 가까이 와 있다. 국가든 개인이든 고령화 시대를 피할 수는 없다. 초고령화 사회로 진입함에 따라 최근 은퇴를 눈앞에 둔 40, 50대 들의 은퇴 후 30년에 대한 관심이 급격하게 높아지고 있다. 은퇴 후 삶에 대한 준비는 경제적인 준비만 필요한 것이 아니다. 먹거리만큼 중요한 것이 일거리이다. 사회적 역할이 즐겁고 유익하게 보낼 수 있는 일이 있어야만 건강하고 행복한 삶을 영위할 수 있다. 개인의 상황에 따라 30년을 보낼 준비와 계획을 미리미리 세워야 한다. 이를 어떻게 준비하느냐에 따라 100세 시대는 우리 모두에게 재앙이 될 수도 있고, 축복이 될 수도 있다. 이때 이를 재앙으로 또는 축복으로 만드는 것은 전적으로 우리 자신에게 달려 있다. 따라서 100세 시대를 축복으로 만드는 일은 오늘 우리 사회에 주어진 가장 중요한 과제이기도 하다.

이때 필요한 것이 자기완성이다. 즉 나의 능력을 최대한 발휘하며 즐겁게 살고 그리고 남이 아닌 나의 기준으로 세워놓은 목표를 이루는 것이다. 가령 평생 가르침의 길을 걷겠다고 결심한 교사라면, 어떠한 주위의 편견에도 불구하고 그 길을 꿋꿋하게 걷는다면 진정한 자기완성일 것이다. 또한 그 길을 걸으며 더 나은 자신을 만들기 위해 부단히 노력한다면 그것이야말로 진정한 자기완성 아닐까. 중요한 것은 현재 하는 일이 은퇴 이후까지 연결이 가능하도록 준비해야 한다는 것이다.

이러한 자기완성은 끊임없는 마음 계발을 요구한다. 그러려면 절제, 인내, 인격 함양, 성실 등 필요한 덕목이 아주 많다. 쓸데없는 욕심을 버릴 줄 알아야 한다. 남을 위해 봉사하고 헌신하는 마음을 계발하지 않으면 안 된다. 오랜 기간 준비하고 정신적 단련을 해야만 한다. 그러기 위해서는 끊임없이 배워야 한다. 폭넓은 경험을 하고 독서를 하고 사색을 해야 한다. 이러한 배움의 삶은 인내와 노력을 요구한다. 그러므로 결코 쉽지 않은 여정이다. 또한 진정 자기 자신의 인격을 완전하도록 만든 사람이 많지 않은 이유이다.

그렇긴 하지만 냉정히 생각해 보라. 현대인에게 경쟁은 피할 수 없는 일이다. 어쩔 수 없이 경쟁을 해야 한다면 의로운 경쟁, 선의의 경쟁을 해야 한다. 경쟁에서 부당한 방법으로 이기려 하고, 이겼을 때 뻐기고, 졌을 때 원망하고, 더 큰 욕심으로 경쟁함으로써 점점 더 힘든 세상이 되는 것이다. 부당한 경쟁으로 인한 승리는 우선은 이익인 듯이 보이지만 거시적인 안목으로 볼 때 99퍼센트가 억울한 일을 당하는 세상이 되고 만다. 남에게 피해를 주지 않고 돕는 방식의 경쟁이 의로운 경쟁이며, 선의의 경쟁이다. 남을 누르고 이기는 경쟁이 단기적으로는 유리한 듯 보이지만 장기적으로는 남을 배려하는 선의의 경쟁이 나에게 유리한 방향으로 작용한다는 사실을 알아야 한다. 우리는 그것을 모두가 득을 본다고 한다.

이제 우리의 사고방식에 대하여 생각해 보자. 우리는 언제나 다른 누군가와 경쟁하고 있다. 우리는 항상 다른 누군가보다 더 나아지려고 노력한다. 더 많은 이익, 더 많은 부, 더 높은 승진, 더 좋은 서비스 등 우리는 늘 자신을 다른 사람과 비교한다. 이럴 경우 어느 누구도 우리를 돕고 싶어 하지 않는다. 단지 내 자신이 지금보다 더 나아지기 위해 일터에서 변화하는 모습을 나타내면 어떨까?

진정한 자기완성은 남들과 경쟁하는 데 있지 않다. 나 자신과의 경쟁이기 때문이다. 그러므로 항상 자신의 내면을 들여다보고 자신에게 물어야 한다. 남을 의식하는 것이 아니라 자신에게 잘 보여야 한다. 그러면 어느 날 갑자기 자신이 성장하고 있다는 것을 느낄 것이다. 어제보다 나은 나를 만들기 위해 노력하라. 자신과의 경쟁에는 끝이 없다. 자신과 경쟁하면 할수록 점점 더 자신의 모습이 아름답고 훌륭하게 변하는 것을 보게 될 것이다. 거기에는 한없는 만족이 샘솟을 것이다. 왜 쓸데없이 남과 경쟁하면서 서로 시기하는가? 매일 자신의 실력이 나아지면 어느 날 자연스럽게 높은 위치에 오르게 될 것이다. 돈도 자연스럽게 따라오게 될 것이다. 그러면 남들도 마음속으로 진정한 승리를 얻은 것이라고 인정할 것이다.

이제부터 조화로운 성공을 목표로 하라. 어느 한쪽으로만 성공하면 그것은 결코 성공했다고 할 수 없기 때문이다. 돈을 아무리 많이 벌었어도 건강을 잃고 나면 헛수고일 뿐이다. 건강하더라도 경제적으로 쪼들리면 비참한 인생이 된다. 돈도 어느 정도 있고 건강해도 부부관계가 좋지 않거나 자식이 속을 썩인다면 반쪽 성공에 이를 뿐이다.

아직도 많은 사람이 원하는 바를 쉽게 얻을 수 있다고 생각한다. 하지만 나는 이 세상에 쉽게 얻을 수 있는 것은 존재하지 않는다고 본다. 아무리 쉬운 것처럼 보이는 일조차 막상 내가 몸 부쳐해 보면 힘든 것이 일의 속성이다. 건강도 저절로 얻어지는 것이 아니다. 넘치는 식욕도 절제할 줄 알고, 몸이 원하는 입에 달콤한 즉석식품 대신 맛은 덜하지만 머리가 원하는 몸에 좋은 채소를 먹어야 하고, 하기 싫은 운동도 해야 한다.

눈앞에서 이루어지는 공짜처럼 보이는 일조차 20~30년 전, 길게 보면 과거 어느 때의 대가이거나 미래에 반드시 대가를 치르게 된다. 어떤 것이든 저절로 되는 것은 없다. 혹여 그렇게 보일지라도 보이지 않는 곳에서 흘린 땀이 있는 법이다. 우연히 요행이 찾아왔다면 이는 반드시 과거 언젠가 노력한 결과이거나 아니면 오래갈 행운이 아니다.

그러므로 노력 없는 요행수를 바라지 마라. 착실하게 노력하고, 성실하게 자기 일에 최선을 다할 때 기회가 오게 된다. 모든 일에는 그만큼의 대가를 필요로 한다는 것, 이것이야말로 목표한 것에 다다르기 위한 가장 빠른 길임을 잊지 않았으면 한다.